MINISTÈRE DE LA GUERRE

EL D'ESCRIME

APPROUVÉ

Par M. LE MINISTRE DE LA GUERRE

LE 18 MAI 1877

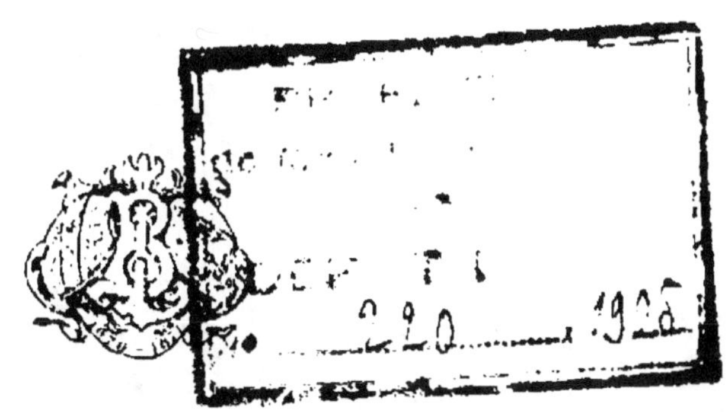

LIBRAIRIE MILITAIRE BERGER-LEVRAULT & Cⁱᵉ

Éditeurs de l'Annuaire de l'Armée

PARIS | NANCY
5, RUE DES BEAUX-ARTS, 5 | 18, RUE DES GLACIS, 18

1905

MANUEL D'ESCRIME

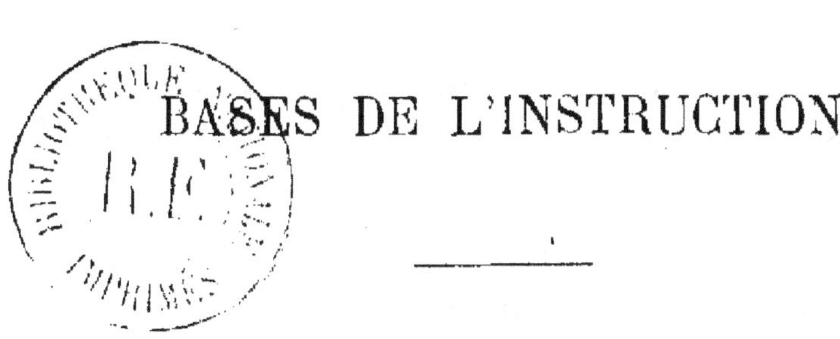

BASES DE L'INSTRUCTION

L'instruction sur l'escrime se divise en deux parties, comprenant chacune six articles.

PREMIÈRE PARTIE.

Escrime à l'épée ou escrime pointée.

ART. 1er. — Exposé de la méthode d'enseignement. — Esprit dans lequel elle doit être pratiquée.

ART. II. — Définition des termes usités en escrime et description des positions qu'ils expriment et des mouvements qui s'y rattachent.

ART. III. — Progression de l'enseignement.

ART. IV. — Règles générales à observer.

ART. V. — Détail des leçons.

ART. VI. — Mur et assaut.

SECONDE PARTIE.

Escrime au sabre ou escrime contre-pointe.

ART. 1ᵉʳ. — Exposé de la méthode d'enseignement. — Esprit dans lequel elle doit être pratiquée.

ART. II. — Description du sabre et des positions et mouvements qui se rattachent à sa mise en jeu pour l'attaque et la défense.

ART. III. — Progression de l'enseignement.

ART. IV. — Règles générales à observer.

ART. V. — Détail des leçons.

ART. VI. — Mur et assaut.

RÈGLES GÉNÉRALES

L'enseignement de l'escrime est obligatoire et gratuit et réglé au tableau du service journalier par compagnie, escadron ou batterie.

Dans chaque casernement, une salle d'armes spéciale est affectée aux officiers, qui doivent s'y livrer à des exercices réguliers et journaliers pour donner aux troupes l'exemple du goût de l'escrime (circulaire ministérielle du 7 mai 1875). A cet effet, le maître d'armes et les prévôts sont mis à leur disposition à des heures fixées par le chef de corps ou de détachement, qui doit chercher à mettre les armes en honneur, en encourageant les assauts publics et en engageant les officiers à y assister, à y participer même, pour leur donner plus de solennité.

Dans chaque compagnie, escadron ou batterie détaché ou formant corps, la surveillance et la direction de l'enseignement sont exercées par le capitaine commandant.

Dans chaque régiment, la direction est exercée par un capitaine, et la surveillance générale par un officier supérieur.

Le personnel enseignant est constitué conformément aux indications des tableaux annexés aux lois du 13 mars et du 15 décembre 1875, sur les cadres de l'armée, et à la circulaire ministérielle du 17 juin 1876, sur l'organisation du service de l'escrime dans les escadrons du train des équipages militaires.

Troupes à pied.

Dans les troupes à pied, on enseigne spécialement l'escrime à l'épée ; l'escrime au sabre n'est qu'accessoire et facultative.

L'instruction commence pour les soldats dès leur admission à l'école de compagnie, et elle se poursuit pendant tout le temps de leur présence sous les drapeaux.

Le tableau de l'emploi du temps fixe par jour l'heure assignée aux diverses compagnies qui doivent se succéder à la salle d'armes, de manière que chaque compagnie puisse y aller, au moins trois fois par semaine, sans entraver les autres exercices. Les hommes sont conduits à la salle d'armes par le sergent de semaine, qui note les absents et rend à l'officier de semaine un compte scrupuleux des motifs d'absence.

Le chef de corps règle aussi les heures des leçons des sous-officiers, qui sont autorisés à se rendre individuellement à la salle d'armes et qui doivent, comme la troupe, prendre au moins trois leçons par semaine.

Si, *par exception*, l'insuffisance du temps disponible ou du personnel enseignant ne permet pas de se conformer strictement aux prescriptions ci-dessus, on peut se borner, *momentanément*, à ne faire fréquenter la salle que par les sous-officiers, les caporaux et les élèves caporaux qui doivent toujours être astreints à y prendre leçon.

On porte sur le livret des hommes leur degré d'instruction en escrime.

On mentionne, dans les notes données aux officiers. leur aptitude pour l'escrime.

Troupes à cheval.

Dans les corps de troupe à cheval, on donne concurremment l'enseignement de l'escrime à la pointe et celui de l'escrime à la contre-pointe.

L'instruction commence, pour les soldats, dès leur admission à l'école d'escadron, et elle se poursuit pendant tout le temps de leur présence sous les drapeaux.

Les chefs de corps doivent se conformer, pour la réglementation de l'enseignement, aux dispositions prescrites ci-dessus pour les troupes à pied, en les appropriant aux éléments constitutifs de leur troupe.

PREMIÈRE PARTIE

ESCRIME A L'ÉPÉE

Art. Ier. — Exposé de la méthode d'enseignement. — Esprit dans lequel elle doit être pratiquée.

L'enseignement de l'escrime à l'épée est toujours individuel.

Il a pour but d'apprendre à l'élève à diriger son épée dans l'attaque et la défense.

Il procède du simple au composé, en faisant connaître successivement à l'élève : la nomenclature sommaire de l'épée, la manière de tenir l'épée, le mouvement préparatoire à la mise en garde, la mise en garde, le rassemblement en avant et en arrière, la marche en avant et en arrière, les appels, le déploiement du bras, la fente, la reprise de la garde, les divers moyens d'attaque ou de défense dans l'ordre des leçons de la progression, le mur, le salut, et, enfin, l'assaut.

L'instructeur doit approprier sa manière d'agir au tempérament, au caractère, à la conformation et à l'intelligence de l'élève avec lequel il doit s'identifier, de façon à suivre pas à pas ses développements et à se mettre à portée de sa force, tout en corrigeant sans cesse les positions défectueuses de la main et du corps, avant d'accélérer progressivement

la rapidité des mouvements, pour préparer la précision et la vitesse, qualités essentielles du tireur,
qui doit garder toute son individualité et être gra-
duellement conduit à mettre en œuvre, avec leur
maximum de puissance, tous les éléments d'action
qui lui sont propres.

L'instructeur doit avoir soin de s'appesantir sur
la démonstration pratique des premiers principes,
exiger qu'ils soient strictement observés, que la
mise en garde, surtout, soit toujours correcte, et ne
passer outre que lorsque les attitudes et les mouvements naturels de l'élève ne réclament plus aucune
rectification.

Chaque détail enseigné doit trouver son application à l'assaut ; l'instructeur s'attachera donc à en
faire ressortir l'utilité par une démonstration pratique, saisissante et réitérée, accompagnée de brè-
ves explications, claires, nettes et précises, permet-
tant à l'élève de se rendre compte de la corrélation
entre les attaques et les défenses, et de parvenir à
faire, plus tard, un assaut intelligent et raisonné, où
il réglera son jeu suivant les exigences de celui de
son adversaire.

Au fur et à mesure des besoins de l'instruction, il
fera connaître à l'élève la signification des termes
usuels en escrime ; il sera amené ainsi à définir et
à décrire : les parties essentielles de l'épée, la
garde, le rassemblement, la fente, les diverses
lignes, l'engagement, le changement d'engagement,
le double engagement, le doigté, l'attaque et ses
variétés, le coup droit, le dégagement, le coupé,
la feinte, le coulé, le battement, la pression, le

froissement, le liement, le dérobement, la remise, la reprise, le redoublement, le coup de temps, le coup d'arrêt, la parade et ses variétés, l'opposition, le contre, la riposte, la contre-riposte, la phrase d'armes.

Art. II. — Définition des termes usités en escrime et description des positions qu'ils expriment et des mouvements qui s'y rattachent.

Épée.

L'ÉPÉE, instrument de l'escrime, se compose de deux parties principales : la *lame*, la *monture*.

La LAME, en acier, présente :

La POINTE, partie faible antérieure, terminée par le *bouton* ou la *mouche*, avec laquelle on touche ;

Le TALON, partie forte postérieure, contiguë à la monture, et avec laquelle on pare ;

Le MILIEU, partie moyenne intermédiaire, immédiatement en avant de laquelle doivent être pris les engagements.

La lame est engagée dans la monture par la *soie*, qui est rivée sur le *pommeau* servant de contre-poids à la lame.

La monture comprend : la *poignée* et la *garde*.

La poignée est constituée par la *fusée*, en frêne ou hêtre, entourée de *cordons*. La garde, en fer, présente deux *lunettes*.

Manière de tenir l'épée.

La poignée de l'épée dans la main droite, le pouce allongé en dessus et touchant presque la lunette, les quatre autres doigts réunis en dessous.

Tenir l'épée avec le pouce et l'index seuls, les autres doigts s'appuyant constamment sur la poignée et ne la serrant que pour soutenir la parade au moment où on l'exécute. Serrer constamment l'épée oblige à exécuter avec le poignet et non avec les doigts.

Garde.

La garde est la position préliminaire indiquée par l'expérience comme la meilleure à prendre par le tireur pour être aussi prêt à l'attaque qu'à la défense.

La garde se prend en sept temps, après l'exécution de certains mouvements préparatoires. Au début de l'instruction, on fait toujours suivre la mise en garde : du rassemblement, de la marche, des appels, du déploiement du bras et de la fente, de la reprise de la garde et du salut dans les armes.

Mouvements préparatoires.

Étant à la position du soldat sans armes, faire un demi-à-gauche, en conservant la tête directe, les pieds se plaçant en équerre, sans désunir les talons, le bras droit allongé en avant et détaché du corps, la pointe de l'épée à environ 10 centimètres du sol, le bras gauche tombant naturellement, la main ouverte (fig. 1).

Fig. 1

Mise en garde en 7 temps.

1. Élever l'épée, la main à hauteur des yeux, le pouce en dessus, le bras allongé, l'épée dans le prolongement du bras (fig. 2).

2. Abaisser l'épée, le bras tendu, la pointe à environ 10 centimètres du sol (fig. 1).

3. Ramener l'épée horizontalement contre le corps en tournant la main droite les ongles en dessous. apporter en même temps la main gauche ployée contre la garde, les doigts allongés et touchant

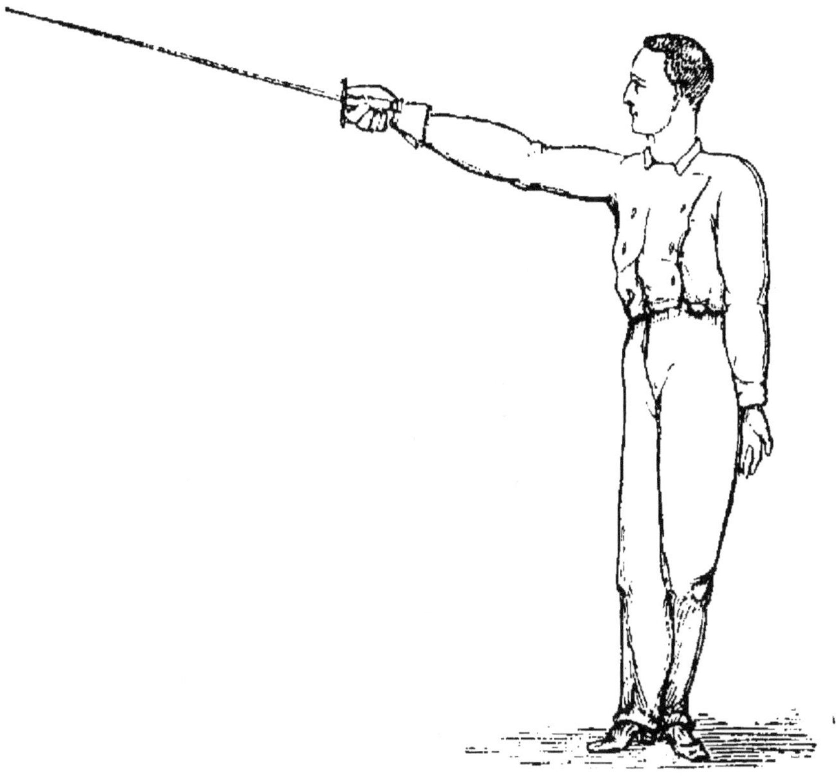

Fig. 2

la garde, le dessus des doigts sur la lame (fig. 3 et 4).

4. Élever l'épée en ployant les bras et les passant près du corps, la placer horizontalement au-dessus de la tête, les bras allongés (fig. 4).

5. Fléchir les bras en les rapprochant de la tête, porter la main gauche en arrière à hauteur de la tête, la main cintrée, le pouce légèrement détaché des autres doigts, le bras arrondi, descendre la main droite en ployant la saignée du bras et la placer, le

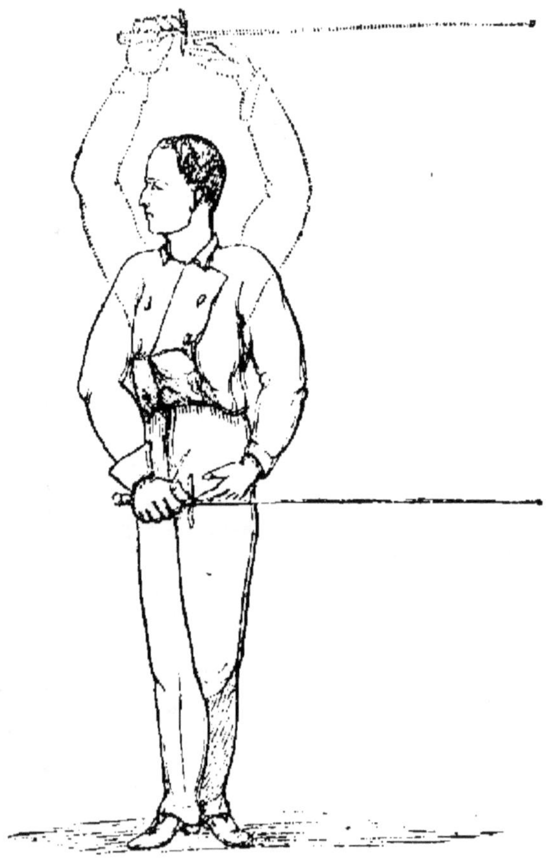

Fig. 3 et 4

pouce dessus et à hauteur du teton droit, le coude
en dedans, à environ $0^m,15$ en avant du corps, la
pointe de l'épée à hauteur et entre les deux yeux
(fig. 5).

6. Fléchir sur les jambes en écartant les deux ge-
noux, le corps d'aplomb sur les hanches (fig. 6).

7. Maintenir le poids du corps sur la jambe gauche, allonger la jambe droite de toute sa longueur,

Fig. 5

poser le pied à plat sur le sol en avant et vis-à-vis du talon gauche.

Fléchir légèrement sur la jambe gauche, pour avancer le genou droit de manière qu'il devienne perpendiculaire au milieu du pied (fig. 7).

Rassemblement.

Le rassemblement est le retour à la position debout étant dans celle de la garde.

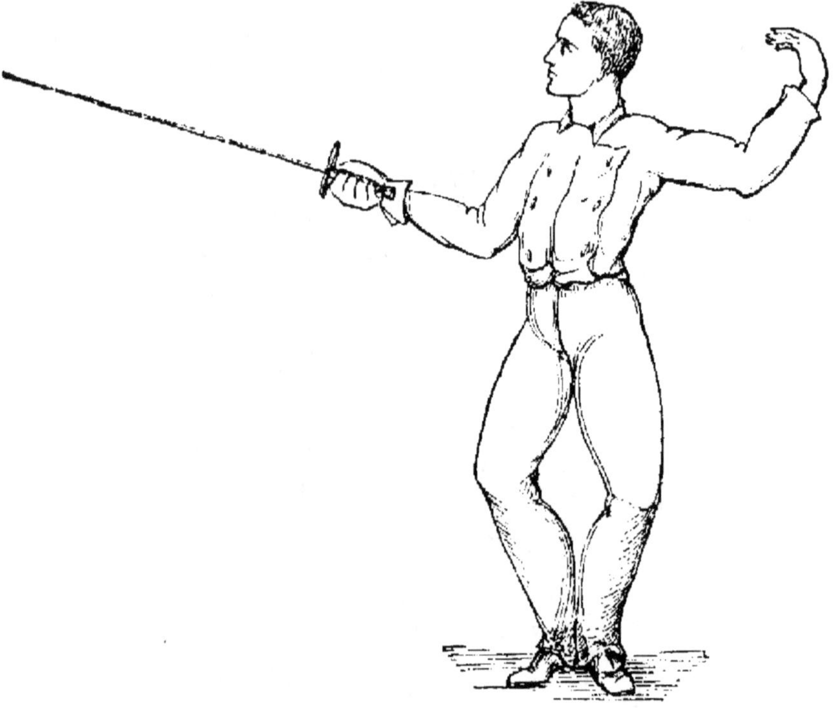

Fig. 6

Pour l'exécuter en avant :

Élever le bras droit en avant, la main à hauteur des yeux, et laisser tomber la main gauche dans le rang ; rapporter ensuite le talon en arrière contre le talon en avant, en se redressant.

Pour l'exécuter en arrière :

Élever le bras, la main à hauteur des yeux, et laisser tomber la main gauche dans le rang ; rapporter ensuite le talon en avant contre le talon en arrière en se redressant.

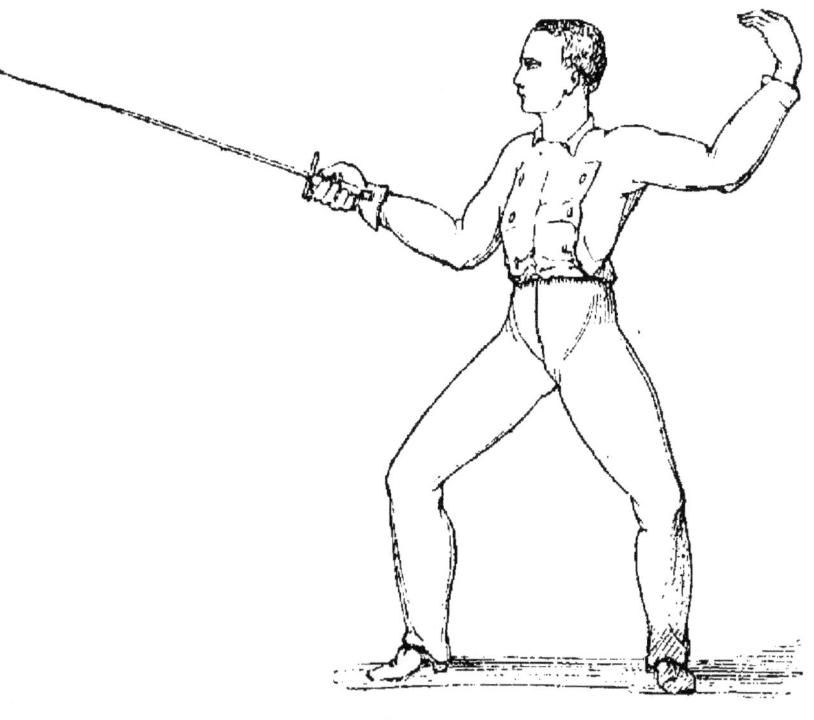

Fig. 7

Le rassemblement s'emploie après chaque reprise, soit pour accorder un repos momentané et permettre de continuer la leçon, soit pour cesser tout travail ; dans ce dernier cas, après avoir rassemblé, exécuter les saluts et commander REPOS.

Marche.

En avant.

Porter le pied droit en avant, sans déranger la position du corps ni celle de l'épée ; faire suivre aussitôt le pied gauche à sa distance.

En arrière.

Porter le pied gauche en arrière, sans déranger la position du corps ni celle de l'épée ; ramener aussitôt le pied droit en arrière à sa distance.

Appels.

Frapper légèrement le sol deux fois de suite avec le pied droit, le corps restant immobile.

S'attacher à pouvoir les exécuter à n'importe quel moment, sans pour cela être obligé de déplacer le corps.

Déploiement du bras.

Allonger le bras droit sans saccade et sans faire agir l'épaule, le corps restant immobile ; tourner en même temps la main droite, les ongles légèrement en dessus, et la placer, ainsi que la pointe de l'épée, à hauteur du menton (fig. 8).

Ployer l'avant-bras droit, également sans saccade, pour reprendre la première position.

Maintenir la monture et ne pas la lâcher, pour placer plus facilement l'épée horizontalement, mais bien faire agir l'articulation du poignet en tournant légèrement la main les ongles en dessus.

Voir toujours par-dessus le poignet.

Fente.

La fente est le développement par lequel le tireur imprime à l'épée l'action la plus vigoureuse et la plus étendue.

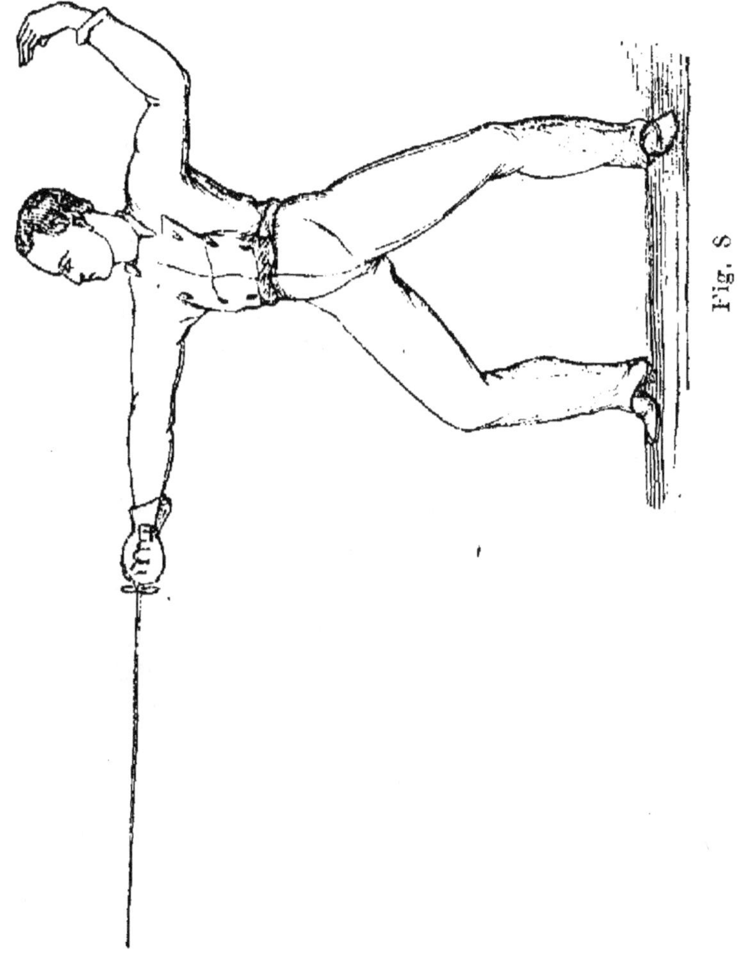

Elle s'exécute de la façon suivante :

Allonger le bras doit comme il est prescrit ci-dessus, tendre vivement le jarret gauche, porter en
même temps le pied droit en avant et vis-à-vis du
talon gauche, le pied passant près du sol ; poser le
pied à plat, de manière que le genou soit en dehors
et perpendiculaire au milieu du pied, le corps d'a-

Fig. 9

plomb et suivant l'impulsion émanant de la jambe même ; laisser tomber en même temps le bras gauche en arrière, le long et à 0^m,10 de la cuisse, les doigts de la main allongés et joints, le pouce détaché, la tête droite, les yeux fixés sur la pointe de l'épée (fig. 9).

Pour reprendre la première position :

Ployer vivement le jarret gauche, en relevant le bras gauche, le poids du corps portant sur le pied gauche, raccourcir le bras droit et porter en même temps le pied droit à sa position, le pied passant près du sol, le poser à plat sans frapper.

S'assurer de l'aplomb du corps en se relevant, par des appels.

Salut dans les armes.

Après avoir exécuté le rassemblement :

Saluez devant vous.

1. Raccourcir le bras, le coude joint au corps, la main à hauteur du menton, les ongles tournés vers le corps.

2. Baisser la lame en étendant le bras ; la main droite les ongles en dessus, et à côté de la cuisse droite.

Lignes (fig. 10).

Les lignes sont les zones ou parties de l'espace dans lesquelles se meut l'épée en partant de la position de la garde.

Elles sont au nombre de quatre :

La ligne de droite, ou de tierce, ou de dehors,

qui est la zone ou partie de l'espace à la droite de l'épée.

La ligne de gauche, ou de quarte, ou de dedans, qui est la zone ou partie de l'espace à la gauche de l'épée.

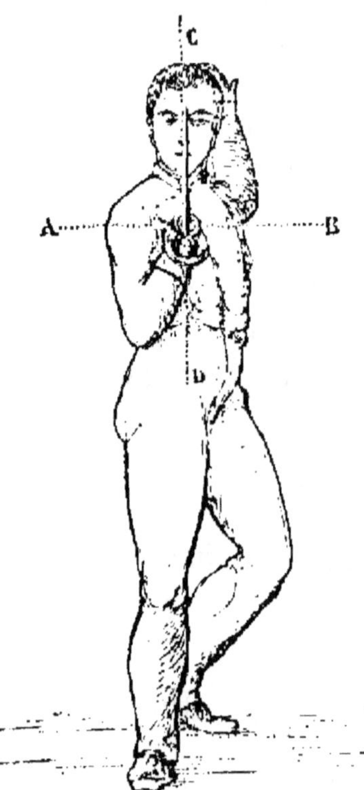

Fig. 10

La ligne haute ou de prime, qui est la zone ou partie de l'espace au-dessus du poignet.

La ligne basse ou de seconde, qui est la zone ou partie de l'espace au-dessous du poignet.

La ligne de droite et la ligne de gauche sont les seules lignes d'engagement.

La ligne haute et la ligne basse sont les lignes dans lesquelles on tire.

La ligne haute prime la ligne basse.

Ne faire tirer dans la ligne basse (dérobement) qu'après avoir fait d'abord fermer la ligne haute par une feinte, un battement ou une pression, de manière à ne pas être arrêté par le coup de temps.

Engagement.

L'engagement est la jonction du fer de l'adversaire

du côté opposé où l'on en avait pris d'abord le contact pour se couvrir.

Pour l'exécuter :

Joindre le fer, en portant le poignet, le pouce en dessus, à gauche (fig. 11) [ou à droite] (fig. 12) pour se couvrir.

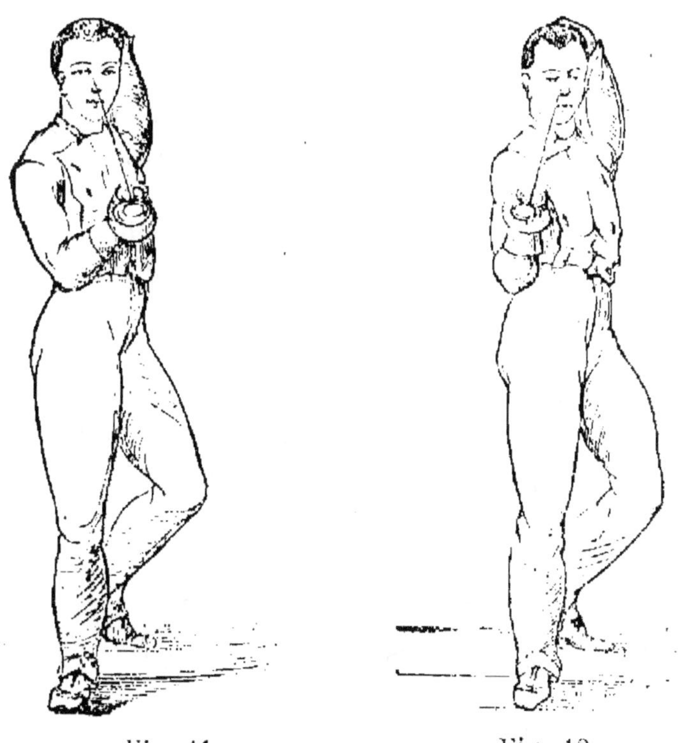

Fig. 11   Fig. 12

Ayant ainsi pris le contact, pour faire un engagement : baisser la pointe de l'épée, la passer par la ligne la plus courte en dessous de l'épée opposée ; joindre le fer en portant le poignet, le pouce en dessus, à droite (ou à gauche), pour se couvrir, et placer la pointe de l'épée à hauteur et vis-à-vis de l'œil, du côté de l'engagement.

Changement d'engagement.

Le changement d'engagement est un nouvel engagement, pris du côté opposé au précédent.

Pour l'exécuter :

Sur la finale d'un premier engagement, baisser la pointe de l'épée, la passer par la ligne la plus courte en dessous de l'épée opposée ; joindre le fer en portant le poignet, le pouce en dessus, à droite (ou à gauche), pour se couvrir, et placer la pointe de l'épée à hauteur et vis-à-vis de l'œil, du côté du nouvel engagement.

L'engagement et le changement d'engagement ont lieu de pied ferme et en marchant.

Joindre le fer seulement, doit toujours se faire de pied ferme et précéder l'exécution, soit d'un engagement, soit d'un coup porté.

Double engagement.

Le double engagement est la succession immédiate de deux engagements.

Pour l'exécuter :

Faire de suite, et sans déranger le poignet, deux engagements, le premier commençant dans la ligne opposée à celle où l'on se trouve.

Le double engagement a lieu de pied ferme ou en marchant ; dans ce dernier cas, la marche doit être terminée au moment de l'exécution du deuxième engagement.

S'attacher à exécuter des doigts, sans déranger le poignet, le deuxième engagement servant de parade au premier.

Doigté.

Le doigté est le déplacement momentané de la pointe de l'épée sous l'action des doigts, et surtout du pouce et des deux premiers doigts, qui déterminent les feintes, dirigent la pointe dans l'attaque, et aident à contenir l'épée opposée dans la parade.

Le doigté donne au tireur les qualités de délicatesse et de ténuité.

Attaque.

L'attaque est l'action du tireur qui cherche à frapper son adversaire, en lui portant un coup simple ou composé.

Le coup est simple lorsqu'il ne résulte que d'un seul mouvement ; il est composé s'il découle de plusieurs (2, 3 ou 4).

Le coup simple comporte trois variétés : le coup droit, le dégagement et le coupé.

Coup droit.

Le coup droit frappe directement l'adversaire : il résulte du déploiement du bras et de la fente.

Pour l'exécuter :

La ligne d'engagement n'étant pas fermée, déployer le bras, se fendre, comme il a été prescrit, et toucher sans lâcher la poignée, la main élevée et maintenue dans la ligne, pour se couvrir.

Dégagement.

Le dégagement est un changement de ligne latéral, suivi d'un coup droit.

Pour l'exécuter :

Baisser la pointe de l'épée en ne faisant agir que les doigts, la passer par la ligne la plus courte, en dessous de l'épée opposée, en déployant le bras, le poignet devant soi ; se fendre et toucher ; le poignet se portant du côté de l'épée pour se couvrir.

Feinte.

La feinte est le simulacre du coup ; elle doit être exécutée de telle sorte que, prise pour le coup lui-même, elle nécessite une parade ; on doit, par conséquent, l'exécuter en se tenant prêt à tromper la parade prise, soit par une autre feinte, soit par un coup réel.

La feinte d'un coup quelconque s'exécute comme le coup lui-même, mais sans se fendre.

Coupé.

Le coupé n'est qu'un dégagement par-dessus la pointe.

Il s'exécute de la même manière, mais en levant la pointe de l'épée, les doigts seuls agissant pour la passer le plus près possible par-dessus la pointe de l'épée opposée, en déployant le bras.

Coulé.

Le coulé est la feinte du coup droit, en glissant doucement le long de l'épée.

Battement.

Le battement est le choc plus ou moins léger de la pointe à la pointe, pour ébranler l'épée opposée et porter plus facilement un coup.

Pression.

La pression est la poussée plus ou moins légère de la pointe à la pointe, pour ébranler l'épée opposée et porter plus facilement le coup.

Froissement.

Le froissement n'est qu'une brusque pression prolongée et glissante.

Dérobement.

Le dérobement est l'attaque opérée à la faveur du passage de l'épée, de la ligne haute dans la ligne basse.

Pour l'exécuter :

Après une feinte, un battement ou une pression, baisser la pointe de l'épée pour dégager, se fendre et toucher dans la ligne basse du même côté, en élevant le poignet le plus haut possible.

Liement.

Le liement est l'action par laquelle on s'empare.

de l'épée de son adversaire, en appuyant sur le faible de cette épée avec le fort de la sienne, pour la ramener de la ligne haute dans la ligne basse, et réciproquement.

Pour l'exécuter :

Prendre la parade d'octave (ou demi-cercle, suivant l'engagement), en appuyant avec le fort sur le faible de l'épée opposée, et en déployant le bras ; se fendre, et toucher dans la ligne basse, sans cesser de maintenir l'épée.

La feinte du liement s'exécute comme le liement, mais sans se fendre.

Le liement ne peut être exécuté que sur le bras tendu, surtout lorsque dans cette position on rencontre une forte résistance.

Remise.

La remise est une attaque exécutée sur une absence ou un abandon d'épée après la parade. Elle se produit après une attaque parée et sur l'absence ou l'abandon d'épée, faite pour riposter, en remettant la pointe en ligne sans se relever, et en touchant par le coup droit. La remise intelligente est à la riposte ce que le temps est à l'attaque.

Reprise.

La reprise est le renouvellement de l'attaque, après avoir repris l'épée sans se relever, sur une parade sans riposte. Elle se produit après une attaque parée et non suivie de la riposte, en reprenant l'attaque, sans se relever et en essayant de toucher.

Redoublement.

Le redoublement est la succession immédiate de deux attaques sans se relever, sur une parade sans riposte. Il se produit après une attaque parée et non suivie de la riposte, en reprenant l'attaque immédiatement, sans se relever, et en essayant de toucher.

Coup de temps.

Le coup de temps est une attaque surprenant l'adversaire dans la préparation de la sienne; c'est donc une attaque exécutée sur une absence d'épée, une feinte trop large ou une attaque directe dans la ligne basse, ou une attaque décomposée par le départ du pied, avant le déploiement du bras.

Il se produit sur une feinte en dehors du corps ou une attaque directe dans la ligne basse, en déployant le bras dans la ligne haute, sans chercher l'épée et en touchant par le coup droit.

Le coup de temps est donc un mouvement unique qui forme à la fois parade et riposte; c'est une parade et une riposte indivisées. Il consiste, en résumé, à prévenir l'adversaire dans l'exécution finale de son attaque composée, en lui fermant la ligne où il veut frapper. Il est préférable à prendre dans la ligne de dessus que dans la ligne de dedans, parce qu'alors il expose moins au coup double. Après avoir bien familiarisé l'élève avec les engagements, les attaques, les parades et les ripostes, il est bon de l'initier aux différents coups de temps.

Coup d'arrêt.

Le coup d'arrêt est l'attaque vive, exécutée sur une autre attaque en marchant, précédée de beaucoup de feintes. C'est le coup de temps pris dans la marche de l'adversaire.

Parade.

La parade est l'action de détourner du corps un coup porté ; elle s'exécute toujours du fort au faible et chasse l'épée, en la rejetant dans la ligne même où elle se présente.

Contre.

Le contre est la parade inverse, qui va chercher l'épée dans la ligne où elle se présente, pour la ramener et la chasser dans la ligne opposée. C'est la parade circulaire.

Au point de vue du mécanisme de l'exécution, la parade est une *parade proprement dite* ou une *opposition*.

Parade proprement dite.

La parade proprement dite est celle qui chasse l'épée sans l'accompagner, c'est-à-dire en la détournant brusquement du corps (pour faciliter la riposte), par un battement sec, fait à l'aide des doigts.

Opposition.

L'opposition est la parade spéciale qui chasse l'épée en l'accompagnant, c'est-à-dire en la détournant du corps sans secousse, et par la seule action du poignet.

Variétés de la parade.

Il y a huit parades, qui chacune ont leur contre ; ce sont : *la prime, la seconde, la tierce, la quarte, la quinte, la sixte, le demi-cercle* ou *septime* et *l'octave.*

Les parades s'exécutent de la façon suivante :

Les parades de seconde et d'octave ont lieu à droite dans la ligne basse.

Les parades de tierce et de sixte ont lieu à droite dans la ligne haute.

Les parades de quarte et de prime ont lieu à gauche dans la ligne haute.

Les parades de quinte et de demi-cercle ou septime ont lieu à gauche dans la ligne basse.

Exécution de la prime.

Sur un coup tiré dans la *ligne de gauche,* tourner la main les ongles en avant, lever le coude en ployant la saignée et placer l'avant-bras horizontalement, le poignet au-dessus de l'œil gauche, la pointe de l'épée menaçant la ligne basse (fig. 13).

Étant dans la position ci-dessus, pour prendre le contre de prime, lever la pointe de l'épée et la ramener dans la position ci-dessus en passant par-dessus l'épée opposée.

Fig. 13

Fig. 14

Exécution de la seconde.

Sur un coup tiré dans la *ligne basse,* baisser le poignet et lui imprimer un mouvement de gauche à droite en tournant la main les ongles en dessous, l'avant-bras, le poignet et l'épée dans une position horizontale.

Étant dans la position ci-dessus, pour prendre le contre de la seconde sur un coup tiré dans la ligne basse, lever la pointe de l'épée et la ramener à la première position en passant par-dessus l'épée opposée (fig. 14).

Exécution de la tierce.

Sur un coup tiré dans la *ligne de droite,* porter la main à droite, les ongles en dessous, en faisant agir l'articulation du poignet, et placer la pointe de l'épée à hauteur et vis-à-vis de l'œil droit (fig. 15).

Étant dans la position ci-dessus, pour prendre le contre de tierce sur un coup tiré dans la ligne de gauche, baisser la pointe de l'épée et la ramener à la première position en passant par-dessous l'épée opposée.

Exécution de la quarte.

Sur un coup tiré dans la *ligne de gauche,* porter la main à gauche, le pouce légèrement à droite, en faisant agir légèrement l'articulation du poignet, et placer la pointe de l'épée à hauteur et vis-à-vis de l'œil gauche (fig. 16).

Fig. 15

Fig. 16

Étant dans la position ci-dessus, pour prendre le contre de quarte sur un coup tiré dans la ligne de droite, baisser la pointe de l'épée et la ramener à la première position en passant par-dessous l'épée opposée.

Exécution de la quinte.

Sur un coup tiré dans la *ligne de gauche,* tourner légèrement la main, les ongles en dessous, baisser le poignet en croisant l'épée opposée pour la rabattre dans la ligne basse, l'avant-bras, le poignet et l'épée dans une position horizontale et transversale par rapport au corps (fig. 17).

Étant dans la position ci-dessus, pour prendre le contre de la quinte sur un coup tiré dans la ligne de droite, lever la pointe de l'épée et la ramener à la première position en passant par-dessus l'épée opposée.

Exécution de la sixte.

Sur un coup tiré dans la *ligne de droite,* porter la main droite, le pouce de ce côté, les ongles légèrement en dessus, en faisant agir l'articulation du poignet, et placer la pointe de l'épée à hauteur et vis-à-vis de l'œil droit (fig. 18).

Étant dans la position ci-dessus, pour prendre le contre de sixte sur un coup tiré dans la ligne de gauche, baisser la pointe de l'épée et la ramener à la première position en passant par-dessous l'épée opposée.

Fig. 17

Fig. 18

Exécution du demi-cercle.

Sur un coup tiré dans la *ligne basse*, baisser la pointe de l'épée et la placer en dessous du poignet opposé, en tournant la main, les ongles en dessus, le poignet exécutant un mouvement de droite à gauche, tout en restant à la même hauteur (fig. 19).

Étant dans la position ci-dessus, pour prendre le contre de demi-cercle, sur un coup tiré dans la ligne basse, lever la pointe de l'épée et la ramener à la première position en passant par-dessus l'épée opposée.

Exécution de l'octave.

Sur un coup tiré dans la *ligne basse*, baisser la pointe de l'épée et la placer en dessous du poignet opposé, en tournant légèrement les ongles en dessus, le poignet restant à la même hauteur (fig. 20).

Étant dans la position ci-dessus, pour prendre le contre d'octave sur un coup tiré dans la ligne basse, lever la pointe de l'épée et la ramener à la première position en passant par-dessus l'épée opposée.

Riposte.

La riposte est l'attaque qui suit la parade, soit immédiatement, soit après un instant déterminé par les mouvements de l'adversaire. La riposte qui suit immédiatement la parade s'appelle *riposte du tac au*

Fig. 19

Fig. 20

tac, c'est-à-dire riposte dans laquelle le tac (action de toucher l'épée) est suivi immédiatement du tac de la poitrine.

Contre-riposte.

La contre-riposte est l'attaque qui suit la parade de la riposte.

Phrase d'armes.

La phrase d'armes est la succession de plusieurs coups portés et rendus sans interruption.

Art. III. — Progression de l'enseignement.

L'enseignement se fait au plastron, en sept leçons, de trois reprises chacune.

1ʳᵉ Leçon.

1. Nomenclature de l'épée. Manière de tenir l'épée. Mouvement préparatoire. Mise en garde. Salut dans les armes.

2. Exercices sur les attaques directes. Parades sur un dégagement, et ripostes du coup droit.

3. Exercices sur les attaques directes. Parades sur deux dégagements, et ripostes du coup droit.

2ᵉ Leçon.

1. Exercices sur les attaques diverses (battements, pressions, froissements). Parades sur trois dégagements et riposte du coup droit.

2. Exercices sur les attaques diverses (coupé, coulé). Parades sur quatre dégagements et riposte du coup droit.

3. Exercices sur les attaques diverses dans la ligne

basse (coulé, battement, pression). Parades sur un, deux, trois dégagements, et riposte du coup droit.

3e Leçon.

1. Exercices sur les changements d'engagement et sur les ripostes composées.

2. Exercices sur le double engagement et sur les ripostes composées.

3. Exercices sur la marche (attaque, parade et riposte du coup droit).

4e Leçon.

1. Exercices sur la marche et le changement d'engagement, et ripostes simples et diverses.

2. Exercices sur la marche et le double engagement, et ripostes simples et diverses.

3. Exercices sur la marche, le double engagement et le changement d'engagement, et ripostes composées.

5° Leçon.

1. Exercices sur le battement dans la ligne opposée à l'engagement, et sur les parades diverses.

2. Exercices dans la ligne basse (marche et double engagement) et riposte du coup droit.

3. Exercices pour tromper le double engagement, et sur les absences d'épée, en attaque et en riposte.

. 6e Leçon.

1. Exercices sur la contre-riposte simple, après des parades diverses.

2. Exercices sur la contre-riposte simple et la contre-riposte composée.

3. Exercices sur la parade de la contre-riposte.

7e Leçon.

1. Exercices sur des attaques directes et composées de un ou de deux dégagements. Parades : 1° par oppositions et riposts du coup droit ; 2° par contres et riposts du coup droit.

2. Exercices sur des attaques directes et composées de deux ou trois dégagements. Parades : par oppositions et contres et riposts du coup droit ; 2° par contres et oppositions et riposts du coup droit ; 3° par contres, oppositions et contres et riposts du coup droit.

3. Exercices sur des attaques directes et composées de un ou deux dégagements précédés du double engagement. Parades : 1° par oppositions et riposts du coup droit ; 2° par contres et riposts du coup droit.

Art. IV. — Règles générales à observer.

1° Exécuter d'abord lentement, afin de donner le temps de comprendre le coup porté. S'attacher, plus tard, à faire acquérir la vitesse, mais avec l'épée, non avec la voix ;

2° Suivre chaque reprise dans la ligne de gauche d'abord, et ensuite dans la ligne de droite ;

3° Précéder chaque exercice du commandement : ENGAGEZ L'ÉPÉE ;

4° Compléter chaque exercice, par la fente exécutée au commandement de : FENDEZ-VOUS (ou sans commandement, aussitôt l'énonciation de la dernière syllabe du coup à porter), et par la remise en garde, au commandement de : EN GARDE (ou sans commandement, que le coup porté ait ou n'ait pas touché);

5° Terminer chaque exercice par le coup droit, en

se fendant après la parade, faite toujours en prévision de l'exercice qui suit ;

6° Reposer pendant une reprise, en faisant rassembler ; reprendre aussitôt la garde tant que la leçon n'est pas terminée ;

7° Terminer la leçon en commandant : 1° RASSEMBLEZ EN AVANT ; 2° SALUEZ DEVANT VOUS.

Art. V. — Détail des leçons.

1re LEÇON

1re Reprise.

Nomenclature de l'épée.
Manière de tenir l'épée.
Mouvements préparatoires.

MISE EN GARDE

1. Mise en garde en sept temps.
2. En garde.

SE RASSEMBLER

1. Rassemblez en avant (ou en arrière).

MARCHER OU ROMPRE

1. Marchez (ou rompez).

SE FENDRE

1. Déployez le bras. } Ne pas faire
2. Fendez-vous. } toucher
3. En garde. } le plastron.

EXERCICE DU DOIGTÉ

1. Exercice du doigté.
2. Sur la parade de quarte (ou tierce demi-cercle, seconde, sixte, octave).

Nota. — Éviter quelquefois la parade, afin de s'assurer que la main reste en ligne. Terminer par la fente.

Engagements et définitions.

ENGAGEMENT

Engager l'épée. Faire toucher le plastron à la fente.

Nota. — Répéter plusieurs fois de suite l'engagement dans les deux lignes. Ajouter ensuite la marche, les appels et la fente, afin de donner l'assiette.

DÉFINITION DES LIGNES

Quatre lignes : gauche, droite, haute, basse.

DÉFINITION DES PARADES

Huit parades.

A gauche :
Haute : quarte, prime.
Basse : demi-cercle, quinte.

A droite :
Haute : sixte, tierce.
Basse : octave, seconde.

Nota. — Les démontrer sans faire exécuter.

DIVISION DE LA LAME

Pointe, partie faible avec laquelle on touche.
Talon, partie forte avec laquelle on pare.
Milieu, partie intermédiaire.

Les engagements doivent être pris dans l'intervalle compris entre cette partie et la mouche, ou le bouton.

SALUT DANS LES ARMES

Saluez devant vous.

2ᵉ Reprise.

Attaques directes.

COUP DROIT

1. Engagez l'épée.
2. Déployez le bras. } Ou, sans
3. Fendez-vous. } décomposer,
4. En garde. } Tirez droit.

} Faire exécuter en décomposant et sans décomposer.

Nota. — Répéter plusieurs fois l'exercice, en laissant toucher chaque fois. Pour terminer, parer en vue de l'exercice suivant, et faire toucher par le coup droit sans engager de nouveau. Cette règle est commune à tous les exercices.

DÉGAGEMENT

2. Dégagez, restez (ou dégagez).

DOUBLEMENT

2. Feinte de dégagement.
3. Je prends un contre : trompez. } Ou doublez.
4. Fendez-vous. }

DOUBLEMENT ET DÉGAGEMENT

2. Feinte de dégagement.
3. Je prends un contre et une opposition : trompez, dégagez (ou doublez, dégagez).

DOUBLEMENT, ET UNE, DEUX

2. Feinte de dégagement.

3. Je prends un contre, et deux oppositions : trompez, une, deux (ou doublez, une, deux).

Exécuter selon la troisième parade l'un des deux coups.

DOUBLEMENT DANS LES DEUX LIGNES

3. Je prends un contre, une opposition et un contre : trompez, doublez (ou doublez, dédoublez).

Changer de ligne.

Parades et ripostes du coup droit.

Sur un dégagement :
1. Engagez l'épée.
2. Sixte, opposez ou (parez) et ripostez droit.
3. En garde.

Après une opposition, parer par une opposition.

2. Contre de quarte, opposez (ou parez) et ripostez droit.
2. Quarte, opposez (ou parez) et ripostez droit.
2. Contre de sixte, opposez (ou parez) et ripostez droit.

Après un contre, parer par un contre.

3ᵉ Reprise.

Attaques directes.

1. Engagez l'épée.
2. Feinte de dégagement.
3. Je prends une opposition : dégagez.
4. Fendez-vous.
5. En garde.

Ou une, deux.

UNE, DEUX, TROMPEZ LE CONTRE

2. Feinte de dégagement.

3. Je prends une opposition et un contre : doublez.
(Ou : une, deux, trompez.)

UNE, DEUX, TROMPEZ LE CONTRE ET DÉGAGEMENT

2. Feinte de dégagement.
3. Je prends une opposition, un contre et une opposition : doublez, dégagez.
(Ou : une, deux, trompez, dégagez.)

UNE, DEUX, TROIS

2. Feinte de dégagement.
3. Je prends deux oppositions : une, deux.
(Ou : une, deux, trois.)

UNE, DEUX, TROIS, TROMPEZ LE CONTRE

2. Feinte de dégagement.
3. Je prends deux oppositions et un contre : une, deux, trompez.
(Ou : une, deux, trois, trompez.)
Exécuter, selon la troisième parade, l'un des deux coups.

UNE, DEUX, TROIS, QUATRE

3. Je prends trois oppositions : une, deux, trois.
(Ou : Changer de ligne une, deux, trois, quatre.)

Parades et ripostes du coup droit.

SUR DEUX DÉGAGEMENTS : 1° UNE, DEUX

2. Sixte et quatre : opposez (ou parez) et ripostez.
2. Sixte et contre : opposez (ou parez) et ripostez.
Changer de ligne.

2° DOUBLEMENT

2. Contre de quarte et sixte : opposez (ou parez) et ripostez.

2. Contre de quarte, deux fois : opposez (ou parez) et ripostez.

Changer de ligne.

2° LEÇON

1re Reprise.

Attaques diverses.

BATTEMENT, COUP DROIT

2. Battez, tirez droit.

BATTEMENT, DÉGAGEMENT

2. Battez, dégagez.

BATTEMENT, DOUBLEMENT

2. Battez, doublez.

BATTEMENT, DOUBLEMENT, DÉGAGEMENT

2. Battez, doublez, dégagez.

BATTEMENT, UNE, DEUX

2. Battez, une, deux.

BATTEMENT, UNE, DEUX, TROMPEZ

2. Battez, une, deux, trompez.

BATTEMENT, UNE, DEUX, TROIS

2. Battez, une, deux, trois.
Changer de ligne.

PRESSION, COUP DROIT

2. Pressez, tirez droit.

PRESSION, DÉGAGEMENT

2. Pressez, dégagez.

PRESSION, DOUBLEMENT

2. Pressez, doublez.

PRESSION, DOUBLEMENT, DÉGAGEMENT

2. Pressez, doublez, dégagez.

PRESSION, UNE, DEUX

2. Pressez, une, deux.

PRESSION, UNE, DEUX, TROMPEZ

2. Pressez, une, deux, trompez.

PRESSION, UNE, DEUX, TROIS

2. Pressez, une, deux, trois.
Changer de ligne.

FROISSEMENT, TIREZ DROIT

2. Froissez, tirez droit.

FROISSEMENT, DÉGAGEMENT

2. Froissez, dégagez.

FROISSEMENT, DOUBLEMENT

2. Froissez, doublez.

FROISSEMENT, UNE, DEUX

2. Froissez, une, deux.
Changer de ligne.

Parades et ripostes du coup droit.

Sur trois dégagements :

1° UNE, DEUX, TROIS

2. Sixte, quarte, sixte : opposez (ou parez) et
ripostez.

2. Sixte, quarte, contre : opposez (ou parez) et ripostez.

Changer de ligne.

2° DOUBLEMENT, DÉGAGEMENT

2. Contre de quarte, sixte, quarte : opposez (ou parez) et ripostez.

2. Contre de quarte, sixte, contre : opposez (ou parez) et ripostez.

Changer de ligne.

3° UNE, DEUX, TROMPEZ LE CONTRE

2. Sixte, contre, quarte : opposez (ou parez) et ripostez.

2. Sixte, contre deux fois : opposez (ou parez) et ripostez.

Changer de ligne.

2ᵉ Reprise.

Attaques diverses.

COUPÉ

2. Coupé : restez (ou : coupez).

TOUR D'ÉPÉE

2. Feinte du coupé : dégagez.

TOUR D'ÉPÉE, DÉGAGEMENT

2. Feinte du coupé, une, deux.

Changer de ligne.

COULÉ

2. Feinte du coup droit : tirez droit. Parer par une opposition.

Coulé, dégagement. Parer par un contre.

Coulé, doublement.

Coulé, une, deux.

Coulé, trompez le contre.
Coulé, trompez, dégagement.
Coulé, trompez deux fois.
Coulé, coupé.
Coulé, tour d'épée.
Changer de ligne.

Parades et ripostes du coup droit.

Sur quatre dégagements.

1° UNE, DEUX, TROMPEZ, DÉGAGEZ

2. Sixte, contre, quarte, sixte : opposez (ou parez) et ripostez.
2. Sixte, contre, quarte, contre : opposez (ou parez) et ripostez.
Changer de ligne.

2° DOUBLEZ, UNE, DEUX

2. Contre de quarte, sixte, quarte, sixte : opposez (ou parez) et ripostez.
2. Contre de quarte, sixte, quarte, contre : opposez (ou parez) et ripostez.
Changer de ligne.

3° UNE, DEUX, TROIS, TROMPEZ

2. Sixte, quarte, contre, sixte : opposez (ou parez) et ripostez.
2. Sixte, quarte, contre deux fois : opposez (ou parez) et ripostez.
Changer de ligne.

4° DOUBLEMENT DANS LES DEUX LIGNES

2. Contre de quarte, sixte, contre, quarte : opposez (ou parez) et ripostez.
2. Contre de quarte, sixte, contre, deux fois : opposez (ou parez) et ripostez.
Changer de ligne.

3e Reprise.

Attaques dans la ligne basse.

DÉROBEMENT

2. Feinte du coup droit, battez (ou pressez).
3. Tirez dessous.
4. En garde.

} Opposez demi-cercle ou quinte.

DÉROBEMENT TROMPANT LE DEMI-CERCLE

1. Feinte du coup droit, dérobez.
2. Feinte du coup droit, feinte dessous, trompez le demi-cercle.
3. Feinte du coup droit, feinte dessous, tirez dessus.
4. Feinte du coup droit, feinte dessous, une, deux, dessus.

Changer de ligne.

LIEMENT

2. Liez, restez (ou liez), parez par l'octave ou le demi-cercle.

LIEMENT, TIREZ DESSUS

2. Feinte du liement.
3. Tirez dessus.

} Ou liez, tirez dessus.

} Parez par l'opposition de sixte.

LIEMENT, UNE, DEUX DESSUS

2. Feinte du liement.
3. Une, deux dessus.

} Ou liez. Une, deux dessus.

} Changer de ligne.

PARADES DE LA LIGNE BASSE, ET RIPOSTE DU COUP DROIT

Sur un dégagement :

2. Demi-cercle (ou octave) : opposez (ou parez) et ripostez.

Sur deux dégagements :

1° DANS LA LIGNE BASSE

2. Demi-cercle octave : opposez (ou parez) et ripostez.
2. Demi-cercle, contre : opposez (ou parez) et ripostez.
Changer de ligne.

2° DANS LA LIGNE BASSE ET LA LIGNE HAUTE

2. Demi-cercle, quarte : opposez (ou parez) et ripostez.
Changer de ligne.

3° DANS LA LIGNE HAUTE ET LA LIGNE BASSE

2. Sixte, octave : opposez (ou parez) et ripostez.
Changer de ligne.
2. Contre de quarte, demi-cercle, opposez (ou parez) et ripostez.
Changer de ligne.
Sur trois dégagements :

1° DANS LA LIGNE HAUTE, ET DEUX FOIS DANS LA LIGNE BASSE

2. Sixte, octave, demi-cercle : opposez (ou parez) et ripostez.
2. Sixte, octave, contre : opposez (ou parez) et ripostez.
2. Contre de quarte, demi-cercle, octave : opposez (ou parez) et ripostez.
2. Contre de quarte, demi-cercle, contre : opposez (ou parez) et ripostez.
Changer de ligne.

2. Demi-cercle, quarte, sixte : opposez (ou parez) et riposlez.

2. Demi-cercle, quarte, contre : opposez (ou parez) et riposlez.

Changer de ligne.

3ᵉ LEÇON

1ʳᵉ Reprise.

Attaques trompant le changement d'engagement.

COUP DROIT

1. Engagez l'épée.

2. Au changement d'engagement : déployez le bras : ou sans décomposer, tirez droit.

3. Fendez-vous.

4. En garde.

Dégagement.

Doublement.

Doublement, dégagement.

Une, deux.

Une, deux, trompez le contre.

Une, deux, trois.

Battement, coup droit.

Battement, dégagement.

Battement, une, deux.

Changer de ligne.

Parades après un changement et ripostes composées.

Sur un ou deux dégagements.

COUP DROIT

1. Engagez l'épée, trompez quelquefois l'engagement.

2. Sixte : opposez (ou parez) et ripostez droit.
3. En garde.
Ripostez en dégageant.
Ripostez en doublant.
Ripostez par une, deux.
Ripostez par un coupé.
Ripostez par un tour d'épée.
Changer de ligne.
Une opposition.
Un contre.
Deux oppositions.
Une opposition et un contre.
Un contre et une opposition.
Deux contres.

2ᵉ Reprise.

Attaques précédées du double engagement.

COUP DROIT

1. Doublez l'engagement.
2. Déployez le bras.   } Ou sans décomposer,
3. Fendez-vous.   }   tirez droit.
4. En garde.
Dégagement.
Doublement.
Doublement, dégagement.
Une, deux.
Une, deux, trompez le contre.
Une, deux, trois.
Coupé.
Tour d'épée.
Changer de ligne.

Parades après un double engagement et ripostes composées.

Sur un ou deux dégagements.

COUP DROIT

1. Doublez l'engagement. (Trompez quelquefois.)
2. Sixte : opposez (ou parez) et ripostez droit.
3. En garde.
Ripostez en dégageant.
Ripostez en doublant.
Ripostez par une, deux.
Ripostez par un coupé.
Ripostez par un tour d'épée.
Changer de ligne.

Nota. — Faire varier les parades dans l'ordre déterminé à la 1ʳᵉ reprise ci-dessus.

3ᵉ Reprise.

Attaque en marchant (ou sur la marche).

COUP DROIT

1. Engagez l'épée (marchez ou rompez).
2. Déployez le bras (ou à la marche, déployez le bras).
3. Fendez-vous.
4. En garde.

Ou tirez droit.

Dégagement.
Doublement.
Doublement, dégagement.
Une, deux.
Une, deux, trompez le contre.
Une, deux, trois.
Coupé.
Tour d'épée.
Changer de ligne.
Dans les coups composés, faire exécuter la 1ʳᵉ feinte, aussitôt la marche.

Parades après la marche (ou une attaque en marchant), sans (ou avec) double engagement, et riposte du coup droit.

Sur un dégagement :
1. Engagez l'épée (ou doublez l'engagement).
2. Sixte : opposez (ou parez) et ripostez droit.
3. En garde.
Contre de quarte : opposez (ou parez) et ripostez droit.
Quarte : opposez (ou parez) et ripostez droit.
Contre de sixte : opposez (ou parez) et ripostez droit.

4e LEÇON

Les 4e et 5e leçons doivent être considérées comme leçons d'assaut.

1re Reprise.

Attaques en marchant (ou sur la marche), trompant le changement d'engagement.

COUP DROIT

1. Engagez l'épée : (marchez ou rompez.)
2. Au changement d'engagement (ou à la marche, et au changement d'engagement), déployez le bras. Ou sans décomposer : tirez droit.
3. Fendez-vous.
4. En garde.
Dégagement.
Doublement.
Une, deux.
Battement, coup droit.
Battement, dégagement.
Battement, une, deux.
Changer de ligne.

*Parades après la marche (ou après une attaque
en marchant) et ripostes simples diverses.*

Sur un ou deux dégagements :

1.
  1. Engagez l'épée : marchez (ou rompez). Trompez quelquefois l'engagement.
  2. Sixte : opposez (ou parez) et ripostez dessus ou dessous.
  3. En garde.

2.
  2. Ripostez à la mouche par un coupé dessus et dessous.

3.
  2. Ripostez à la mouche par un tour d'épée.

4.
  Coupez à la mouche, parez quarte et ripostez.

Changer de ligne.

Une opposition.

Un contre.

Deux oppositions.

Une opposition et un contre.

Un contre et une opposition.

Deux contres.

Nota. — Après la sixte et le contre. faire riposter dessus (ou dessous) main renversée en prime, faire varier les parades dans l'ordre ci-dessus.

2ᵉ Reprise.

*Attaques en marchant (ou sur la marche) précédées
du double engagement.*

COUP DROIT

1. Doublez l'engagement : marchez (ou rompez).
2. Déployez le bras (ou à la marche), déployez le bras. } Ou sans décomposer : tirer droit.
3. Fendez-vous.
4. En garde.
Dégagement.
Doublement.

Une, deux.
Coupé.
Tour d'épée.
Changer de ligne.

*Parades après la marche (ou une attaque en marchant)
précédées du double engagement, et ripostes simples
et diverses sur un ou deux dégagements.*

1. Doublez l'engagement : marchez (ou rompez).
Trompez quelquefois le double engagement.
2. Sixte : opposez (ou parez) et ripostez dessus ou
dessous.
3. En garde.
Ripostez à la mouche par un coupé dessus ou dessous.
Ripostez à la mouche par un tour d'épée.
Coupez à la mouche, parez quarte et ripostez.
Changer de ligne.
Nota. — Se conformer à ce qui est prescrit au *nota*
de la 1ʳᵉ reprise ci-dessus.

3ᵉ Reprise.

*Attaques en marchant précédées du double engagement
et trompant le changement d'engagement.*

COUP DROIT

1. Doublez l'engagement : marchez (ou rompez).
2. Au changement d'engage-
ment (ou à la marche et au changement d'engagement), déployez
le bras.
3. Fendez-vous.
4. En garde.
Dégagement.
Doublement.
Une, deux.
Battement, coup droit.

Ou sans décom-
poser : tirez droit.

Battement, dégagement.
Battement, une, deux.
Changer de ligne.

Parades après la marche (ou une attaque en marchant) précédées du double engagement, et ripostes composées.

Sur un ou deux dégagements :

COUP DROIT

1. Doublez l'engagement : marchez (ou rompez).
2. Sixte : opposez (ou parez) et ripostez droit.
Ripostez en dégageant.
Ripostez en doublant.
Ripostez par une, deux.
Ripostez par un coupé.
Ripostez par un tour d'épée.
Changer de ligne.

Nota. — Faire varier les parades dans l'ordre déterminé à la 1re reprise ci-dessus.

5e LEÇON

1re Reprise.

Attaque par un battement dans la ligne opposée à l'engagement.

BATTEMENT, COUP DROIT

1. Engagez l'épée.
2. En changeant l'engagement : battez.
3. Déployez le bras.   } Ou sans décom-
4. Fendez-vous.   } poser : tirez droit.
5. En garde.
Battement, dégagement.
Battement, doublement.
Battement, une, deux.
Changer de ligne.

Parades diverses et ripostes simples.

Sur un dégagement :

1. Engagez l'épée (ligne de gauche).
2. Parez par la tierce et ripostez (mains de quarte et de prime).
3. En garde.

Opposez sixte et ripostez dessous par un croisé. Prendre le demi-cercle par-dessus l'épée.

Parez par le contre de tierce et ripostez comme ci-dessus. Engagement de tierce.

Opposez seconde et ripostez.

Parez par la seconde et ripostez (dessus, main de quarte).

Parez par la quinte et ripostez.

Opposez quarte et ripostez (dessous) par un croisé. Prendre l'octave par-dessus l'épée.

Parez par la prime et ripostez dessous.

Parez par la prime et ripostez par un coupé.

Parez par la prime, coupez, parez quarte (ou quinte) et ripostez.

2ᵉ Reprise.

Attaques dans la ligne basse en marchant, sans (ou avec) double engagement.

COULÉ ET DÉROBEMENT

1. Engagez l'épée (ou doublez l'engagement).
2. Feinte du coup droit.　　{ Ou sans décomposer :
3. Tirez dessous.　　　　　{ 　coulez, dérobez.
4. En garde.

Battement, dérobement.

Pression, dérobement.

Au changement d'engagement, dérobement.

Changer de ligne.

Parades de la ligne basse après la marche (ou une attaque en marchant), sans (ou avec) double engagement, et ripostes simples.

Sur un ou deux dégagements :

1. Engager l'épée (ou doublez l'engagement) : marchez ou rompez.
2. Demi-cercle : opposez (ou parez) et ripostez (dessous ou dessus).
3. En garde.

Trompez quelquefois l'engagement.

Octave : opposez (ou parez) et ripostez (comme au 1er exercice).

Demi-cercle et octave : opposez (ou parez) et ripostez (comme au 1er exercice).

Demi-cercle et contre : opposez (ou parez) et ripostez (comme au 1er exercice).

Changer de ligne.

Sixte et octave : opposez (ou parez) et ripostez (comme au 1er exercice).

Contre de quarte et demi-cercle : opposez (ou parez) et ripostez (comme au 1er exercice).

Changer de ligne.

3e Reprise.

Attaques trompant le double engagement.

COUP DROIT

1. Engagez l'épée (doubler l'engagement sans se couvrir).
2. Déployez le bras.
3. Fendez-vous.
4. En garde.

Ou sans décomposer : tirez droit.

Dégagement (sur le double engagement en se couvrant).

Doublement.

Doublement, dégagement.

Une, deux.
Une, deux, trompez.
Une, deux, trois.
Changer de ligne.

*Attaques sur les absences d'épée en riposte
et en attaque.*

REMISE

1. Engagez l'épée.
2. Dégagez (faire une absence d'épée pour riposter).
3. Remisez.   } Changer de ligne.
4. En garde.

REPRISE

1. Engagez l'épée.
2. Dégagez (parez sans riposter).
3. Reprenez par le coup droit (ou le coupé).
4. En garde.
Changer de ligne.

COUP DE TEMPS

1. Engagez l'épée.
2. Sur la feinte (ou l'absence d'épée), tirez droit.
3. En garde.
Changer de ligne.

6e LEÇON

1re Reprise.

*Contre-ripostes simples après les parades diverses
et les ripostes simples.*

1. Engagez l'épée.
2. Dégagez (parez ou ripostez dessus ou dessous).
3. Sixte (ou octave) : opposez (ou parez) en vous
relevant.

4. Tirez dessus (ou dessous).
5. En garde.

Nota. — La contre-riposte sera faite dessous, si la riposte a eu lieu dessus, et réciproquement, faire varier les parades sur le dégagement de l'élève, d'après l'ordre suivant :

Ordre des parades prises par l'instructeur sur le dégagement de l'élève, et ripostes.

1. Sixte, dessus et dessous.
2. Quarte, dessus et dessous.
3. Contre de sixte, dessus et dessous.
4. Contre de quarte, dessus et dessous.
5. Demi-cercle, dessus et dessous.
6. Octave, dessus et dessous.
7. Tierce, dessus.
8. Seconde, dessus et dessous.
9. Quinte, dessus.
10. Prime, dessous.
11. Prime et coupé, dessus.
12. Prime, coupé.

2ᵉ Reprise.

Contre-ripostes simples de pied ferme, après des parades simples et des ripostes composées.

COUP DROIT

1. Engagez l'épée.
2. Feinte de dégagement (parez et ripostez droit). Variable.
3. Sixte (ou contre de quarte : opposez (ou parez); contre : ripostez droit. Invariable.
4. En garde.

RIPOSTES SUR LA FEINTE

Dégagement.
Doublement.

Une, deux.
Coupé.
Tour d'épée.
Changer de ligne.

*Contre-ripostes composées, de pied ferme,
après des parades et des ripostes simples.*

COUP DROIT

1. Engagez l'épée.
2. Feinte de dégagement (parez et ripostez droit).
Invariable.
3. Sixte (ou contre de quarte) : opposez (ou parez) ;
contre : ripostez droit. Variable.
4. En garde.

CONTRE-RIPOSTES APRÈS LA PARADE

Dégagement.
Doublement.
Une, deux.
Coupé.
Tour d'épée.

{ Changer de ligne.

3e Reprise.

*Parades de la contre-riposte et 2e contre-riposte
simples.*

PARADES ET RIPOSTES SIMPLES, CONTRE-RIPOSTES COMPOSÉES

1. Engagez l'épée.
2. Sixte (ou contre de quarte) : opposez (ou parez).
Ripostez droit.
3. La contre-riposte : tirez droit (variable ou invariable).
4. En garde.
Dégagement.
Doublement.

Une, deux.
Coupé.
Tour d'épée.
Changer de ligne.

*Parades de la contre-riposte
et deuxièmes contre-ripostes composées.*

PARADES, RIPOSTES ET CONTRE-RIPOSTES SIMPLES

1. Engagez l'épée.
2. Sixte (ou contre de quarte) : opposez (ou parez). Ripostez droit. Invariable.
3. Sixte (ou contre de quarte) : opposez (ou parez). Tirez droit. Variable.
4. En garde.
Dégagement.
Doublement.
Une, deux.
Coupé.
Tour d'épée.
Changer de ligne.

7e LEÇON

LEÇON DES CONTRES

1re Reprise.

Une opposition. Coup droit et dégagement.
Deux oppositions.
Trois oppositions.
Changer de ligne.
Un contre (coup droit et dégagement).
Deux contres.
Changer de ligne.

2e Reprise.

Une opposition et un contre.
Une opposition, un contre et une opposition.

Une opposition et deux contres.
Deux oppositions et un contre.
Un contre et une opposition.
Un contre et deux oppositions.
Un contre, une opposition et un contre.
Changer de ligne.

3ᵉ Reprise.

Répéter la 1ʳᵉ reprise ci-dessus, en faisant précéder chaque fois l'attaque d'un double engagement.

Observations relatives :

1° *A la mise en garde.* L'instructeur s'attachera à donner à l'élève un parfait équilibre, et, à cet effet, il veillera à ce que les pieds ne se croisent pas ; à ce que le corps soit droit, d'aplomb sur les deux hanches et sans raideur ; à ce que les épaules soient bien effacées et un peu ouvertes ; enfin, à ce que la position des bras et de la main droite ne soit pas dérangée, ce qui arrive toujours dans les commencements.

Il fera souvent reposer l'élève, et s'attachera à lui rendre la position de la garde si naturelle et si facile, qu'il puisse la conserver longtemps et sans fatigue.

2° *A la marche.* Afin de s'assurer que les hommes conservent un bon équilibre en marchant et en rompant, l'instructeur commandera : DEUX APPELS.

3° *Au déploiement du bras.* Cet exercice ayant pour but d'assouplir le bras et d'éviter la raideur de l'épaule, si commune aux commençants, pour obtenir ce résultat, l'instructeur veillera surtout à ce que le corps ne suive pas le mouvement du bras, quand il s'allonge ou se ploie.

4° *A la fente.* L'élève ayant l'habitude, dans les commencements, d'abandonner le corps en se fendant, et de baisser la tête, l'instructeur devra surveiller

avec attention la tension du jarret gauche, la position
du corps et celle de l'épaule gauche, qui doit être bien
effacée; il devra également faire observer à l'élève de
ne pas trop se fendre, de conserver toujours le pied
gauche à plat; sans cela, il ne pourrait plus se relever
vivement.

Afin de s'assurer que l'élève porte bien le poids du
corps sur la jambe gauche, l'instructeur lui fera faire
deux appels de pied, avant de se fendre.

5° *Aux attaques*. S'attacher à faire toujours exécuter
l'attaque à fond et avec toute la vitesse possible. Malgré
la plus grande vitesse imprimée, et à laquelle on doit
tendre, le bras doit toujours être déployé avant le départ
du pied, et le poignet ne doit se porter du côté de l'épée
opposée, pour se couvrir, qu'au moment de la fente
finale du coup porté, seul moment où la riposte est à
craindre.

6° *Aux contres*. La leçon des contres est la première
application de la leçon à l'assaut; elle a pour but de
permettre d'acquérir la vitesse nécessaire à l'exécution
avec d'autant plus de facilité que la détermination du
coup et de la parade à exécuter enlève l'hésitation habi-
tuelle, occasionnée par l'imprévu réel de l'assaut. Elle
est exécutée à deux : l'un des deux la conduit par l'attaque, et, dans ce cas, change d'exercice quand il le juge
à propos, ou en trompant la parade, ou en changeant
sa dernière.

ART. VI. — **Mur et assaut.**

Mur. Le mur est le prélude de l'assaut : il consiste
en quelques dégagements et parades de convention exé-
cutées avec la plus grande régularité, pour préparer la
main et les jambes. Il est accompagné d'un salut adressé
à la galerie et à l'adversaire.

Le mur et les saluts s'exécutent à deux, de la façon suivante :

DU MUR (*en 6 temps*).

1er Temps.

1. Descendre la main droite de tierce, et lever le bras gauche.
2. Fléchissez (comme la mise en garde).
3. Avancez le pied (comme la mise en garde).
4. Rassemblez en arrière.

Nota. — Sans détailler, inviter à l'attaque par ces mots : À VOUS L'HONNEUR ! ou répondre : PAR OBÉISSANCE, et se fendre.

2e Temps.

1. Fendez-vous.
2. Relevez-vous.
3. Saluez.
   1. Saluez à gauche, le bras demi-tendu, la main, les ongles en dessus, la tête tournée à gauche (fig. 21).
   2. Saluez à droite, le bras demi-tendu, la main, les ongles en dessous, la tête tournée à droite (fig. 22).
   3. Revenir à la première position.
4. En garde. (Se mettre en garde en 7 temps.)

3e Temps.

1. Dégagez (l'adversaire pare par la tierce) [fig. 23].
2. En garde (reprendre la garde et joindre les épées).
3. Dégagez (l'adversaire pare par la quarte) [fig. 24].
4. En garde (reprendre la garde et joindre les épées).
5. Une, deux, rassemblez en avant (l'adversaire pare par la tierce).

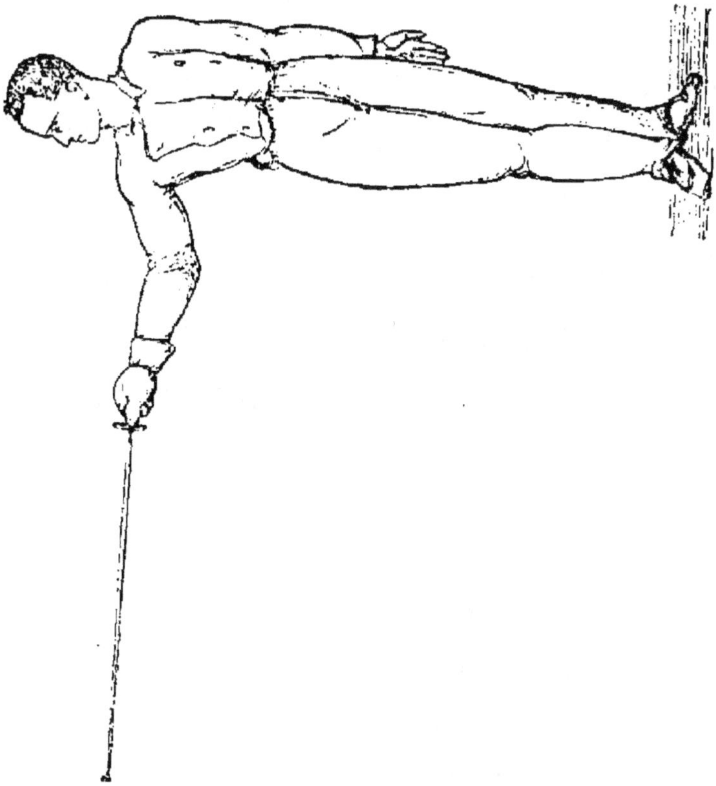

Fig. 22

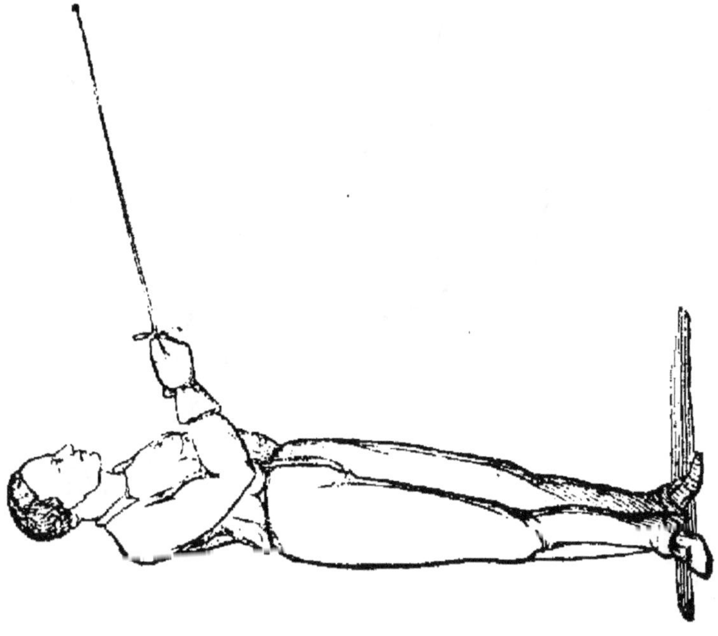

Fig. 21

Fig. 23

Fig. 24

6. Descendez la main droite de tierce, et levez le bras gauche.

7. Échappez en arrière (se mettre en garde en arrière).

8. Deux appels.

9. Rassemblez en arrière.

4e Temps.

Comme au 2e temps.

5e Temps.

Comme au 3e temps.

6e Temps.

1. Descendez la main droite de tierce, et levez le bras gauche.

2. Échappez en arrière.

3. Deux appels.

4. Saluez (comme au 3e temps, en rassemblant en avant).

5. Saluez devant vous.
{
  1. Raccourcir le bras, le coude joint au corps, la main à hauteur du menton, les ongles tournés vers le corps (fig. 25).
  2. Baisser la lame en étendant le bras ; la main droite, les ongles en dessus et à côté de la cuisse droite (fig. 26).
}

ASSAUT

L'assaut est l'application stricte et raisonnée des règles de l'escrime, par un couple d'adversaires simulés, munis de masques et de gants : c'est l'image du combat. Il apprend à tirer, avec à-propos, le meilleur parti des leçons enseignées au plastron.

L'élève ne doit être admis à faire assaut que lorsqu'il

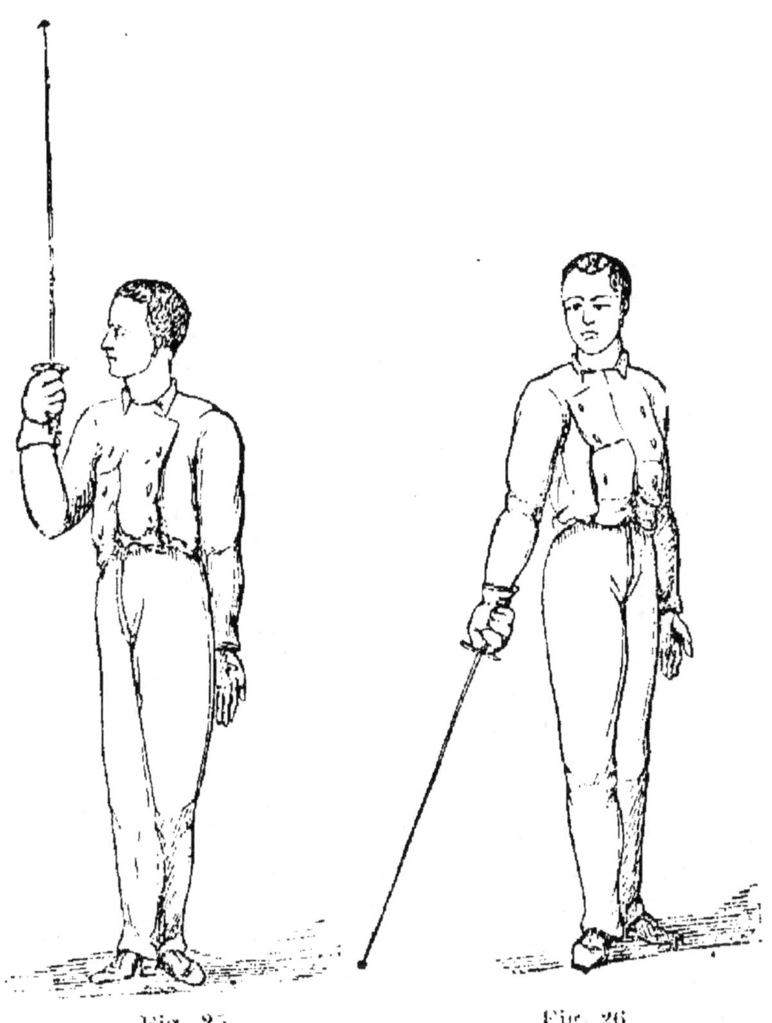

Fig. 25   Fig. 26

est convenablement affermi dans les principes, qu'il
exécute bien les contres, que les mouvements de toutes
les parties de son corps sont bien réglés et que sa main
et ses jambes ont acquis la vitesse, la précision et l'en-
semble indispensables à toute bonne exécution.

L'assaut n'exclut pas la leçon : au contraire, on doit continuer de plastronner, non seulement pour faire des progrès, mais aussi pour se maintenir et conserver ce qu'on a appris.

Conseils et observations.

1° Se mettre en garde hors de portée, pour éviter toute surprise ; mais toujours en croisant les épées ;

2° Marcher à petits pas et toujours prêt à la parade, pour se mettre à portée et attaquer plus facilement ;

3° Rompre pour maintenir quand même sa distance, ou pour exciter à marcher et attaquer à la marche ;

4° Attaquer plutôt par des coups simples directs ou précédés d'un battement ou d'une pression, et, autant que possible, sur préparations telles que : engagements, marche, remise en garde après l'attaque, absences d'épée, soit en attaque, soit en parade.

N'attaquer par des coups composés que lorsque des coups simples ou des feintes bien prononcées auront obligé à la parade et, par ce fait, détruiront la pensée du coup d'arrêt ;

5° Se relever vivement, que le coup porté ait ou n'ait pas touché, pour prendre plus facilement la défensive, et surtout pour éviter le corps à corps ;

6° Parer en variant souvent. N'employer que le simple est plus commode, mais rend la main plus facile à ébranler ; le contre donne plus de stabilité et ramène si l'on est écarté ;

7° Riposter toujours après la parade seulement, et non en l'exécutant. La riposte simple est la meilleure, elle arrive le plus vite et empêche la remise et la reprise ;

8° Chercher à voir net, à deviner juste et à agir vite pour acquérir l'à-propos et la franchise dans l'attaque, la précision et la sûreté dans la parade et le sang-froid calculé dans la riposte, dont la vitesse relative doit être la déduction d'un raisonnement rapide ;

9° Pour tirer avec tous ses moyens, l'assaut ne doit pas excéder quinze minutes ;

10° Faire toujours exécuter l'assaut en présence d'un maître ou d'un prévôt, qui, après la belle et le salut final, analysera les péripéties de la lutte, fera remarquer les fautes commises, indiquera comment ou aurait pu les éviter, et fera connaître à chacun des adversaires les défectuosités caractéristiques de son jeu, et les moyens d'y remédier afin d'acquérir le jugement et l'à-propos du coup à porter et à parer.

Règles à observer pendant l'assaut.

1° Ne pas tirer sans avoir joint l'épée ;

2° Ne jamais appuyer sur le coup lorsqu'on a touché, et ne jamais l'accentuer par des cris de mauvais goût ;

3° Ne pas riposter si la parade a désarmé l'adversaire, sauf le cas de la riposte du tac au tac, c'est-à-dire du coup droit :

4° Ne jamais demander si le coup porté a touché : chaque fois qu'on est frappé, le déclarer loyalement en disant : *Touché ;*

5° Ne pas discuter en tirant ; laisser l'appréciation et la décision des coups à la galerie ;

6° Ne pas se plaindre du jeu d'un adversaire. S'il fatigue ou ne convient pas, prendre un prétexte honnête pour terminer l'assaut.

DEUXIÈME PARTIE
ESCRIME AU SABRE OU CONTRE-POINTE

Art. Ier. — Exposé de la méthode d'enseignement. — Esprit dans lequel elle doit être pratiquée.

Les principes et l'esprit de la méthode d'enseignement sont les mêmes pour l'escrime au sabre que pour l'escrime à l'épée. Se reporter, en conséquence, au premier article de la première partie.

Art. II. — Description du sabre et des positions et mouvements qui se rattachent à sa mise en jeu pour l'attaque et la défense.

Nomenclature du sabre.

Le *sabre*, instrument de la contre-pointe, se compose de deux parties principales : la *lame* et la *monture*.

La lame présente : la *pointe*, le *dos*, le *tranchant*, le *talon*, et la *soie* engagée dans la monture. La monture comprend : la *poignée* et la *garde*.

Manière de tenir le sabre.

La poignée dans la main droite, les ongles en dessous, le pouce allongé sur le dos du sabre et touchant présque la garde, les quatre autres doigts réunis en dessous et serrant légèrement la poignée ;

le tranchant à droite, le talon en dehors et sur le côté du poignet.

Mouvements préparatoires.

Étant dans la position du soldat sans armes, faire un demi-à-gauche en conservant la tête directe, les pieds se plaçant en équerre, sans désunir les talons, le bras droit allongé en avant et détaché du corps, la pointe du sabre à environ 0^m,10 du sol, l'avant-bras gauche joint au corps et ployé en arrière (fig. 1).

Fig. 1

Garde.

1. Élever le sabre, le bras allongé, la main à hauteur des yeux (fig. 2).

2. Ployer la saignée du bras droit, de manière que la main soit à hauteur du teton droit, le poignet vis-à-vis de l'épaule droite, les ongles en dessous, le coude en dehors, à droite et un peu détaché du

corps, la pointe du sabre à hauteur des yeux
(fig. 3).

Fig. 2

3, 4. Fléchir sur les jambes et avancer le pied
droit (fig. 4) comme à l'escrime à l'épée.

Faire précéder le 2ᵉ mouvement de deux moulinets, le 1ᵉʳ à gauche, dès que ces derniers auront
été démontrés.

Marche, appels, rassemblements, fente.

Exécuter d'après les principes prescrits à l'enseignement de l'escrime à l'épée.

La fente est toujours précédée du déploiement du bas fait a l'aide d'un moulinet.

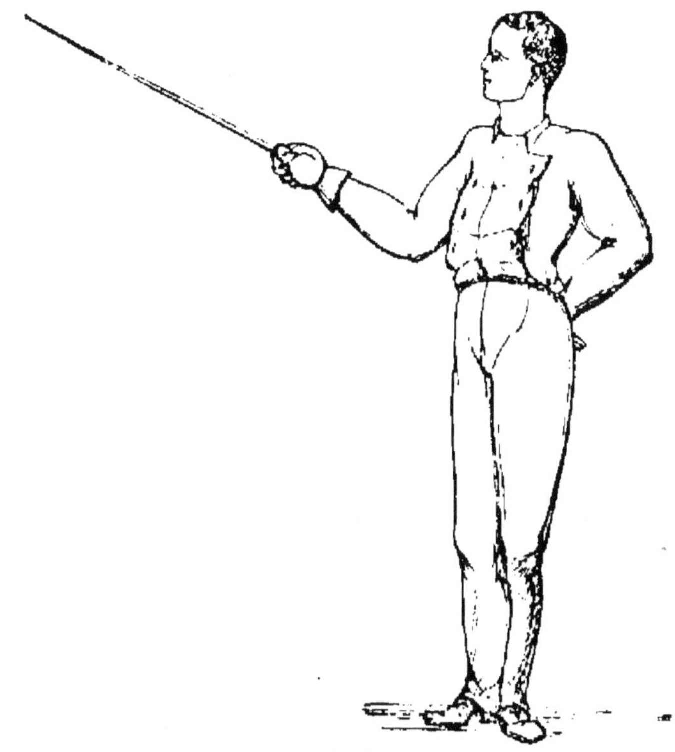

Fig. 3

Échapper la jambe.

Les coups portés sur la jambe ou la cuisse ne sont pas parés avec le sabre ; mais bien en échappant, c'est-a-dire en portant vivement la jambe droite tendue en arrière à environ 0^m,35, le pied à plat (fig. 5).

Les coups portés directement à la tête peuvent être parés de la même manière, et en arrêtant l'avant-bras, pour plus de sûreté, par un moulinet à droite, tout en revenant à la parade de tête.

Fig. 4
Fig 5

EXERCICES D'ASSOUPLISSEMENTS DES BRAS ET DU POIGNET

Moulinets.

Étendre le bras droit en avant, la main à hauteur de l'épaule, les ongles en dessous ; faire décrire au sabre, horizontalement, au-dessus de la tête, un cercle de gauche à droite (ou de droite à gauche) en ouvrant légèrement les doigts, le poignet aidant au

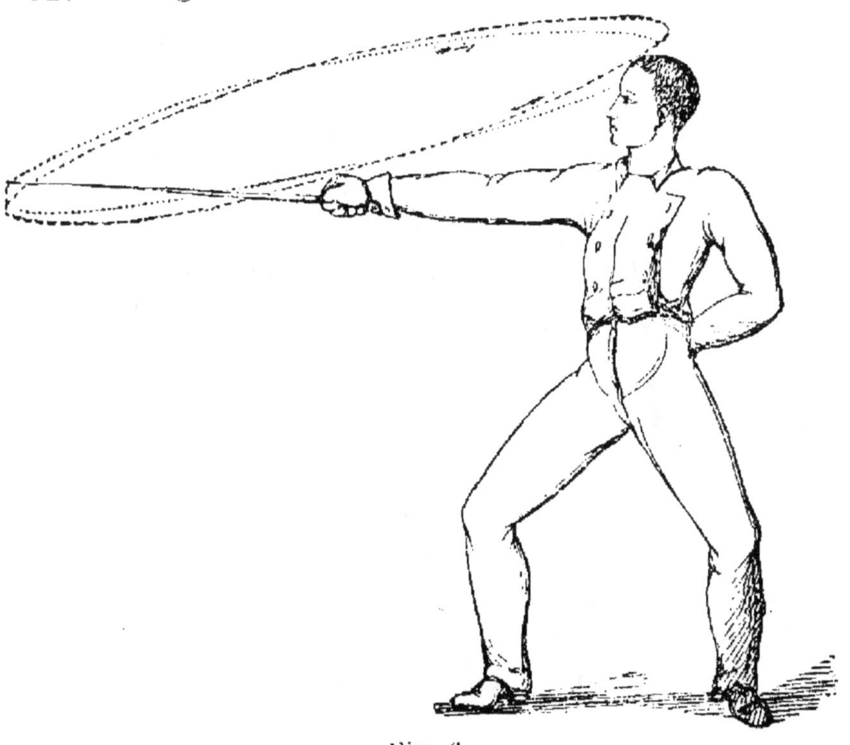

Fig. 6

mouvement, et replacer la main les ongles en dessus (ou en dessous), le tranchant du sabre à gauche (ou à droite) [fig. 6].

Engagement et lignes.

Fig. 7

Joindre le fer, tranchant contre tranchant, en portant le poignet à droite (ou à gauche) ; la main les ongles en dessous (ou en dessus) pour se couvrir.

Des deux engagements, celui de droite (fig. 7), par la position de la main, facilitant l'attaque et surtout la défense de la ligne basse, a le plus d'application.

Les coups et parades sont démontrés dans cette instruction, en partant de l'engagement de droite.

Voir, pour la définition des lignes, l'enseignement de l'escrime à l'épée.

Attaques.

L'attaque peut être faite par un coup simple, ou par un coup composé ne dépassant pas trois mouvements. Les coups simples sont portés :

Par un moulinet, pour les coups de tête et de banderole ;

Par un moulinet, pour les coups de figure à droite et à gauche ;

Par un coup de sabre, pour les coups de flanc, de ventre, de manchette (avant-bras) et de pointe.

La feinte sert à former les coups composés ; elle s'exécute comme le coup lui-même, mais sans se fendre.

Coup de tête.

Exécuter un moulinet en arrière à gauche, et déployer le bras, en arrêtant le sabre à hauteur du sommet de la tête, le tranchant en avant (fig. 8).

Coup de banderole.

Exécuter un moulinet en arrière à gauche et déployer le bras, en arrêtant le sabre à hauteur de l'épaule, le tranchant en avant, de manière à diriger le coup diagonalement, de droite à gauche (fig. 9).

Coup de figure à droite.

Exécuter un moulinet de droite à gauche et déployer le bras en arrêtant le sabre à hauteur de la figure, le tranchant à droite, la main les ongles en dessous (fig. 10).

Coup de figure à gauche.

Exécuter un moulinet de gauche à droite, et déployer le bras en arrêtant le sabre à hauteur de figure, le tranchant à gauche, la main les ongles en dessus (fig. 11).

Coup de flanc.

Déployer le bras en arrêtant le sabre à hauteur du flanc, le tranchant en dessus, la main le pouce légèrement à gauche (fig. 12).

Fig. 8

Fig. 9

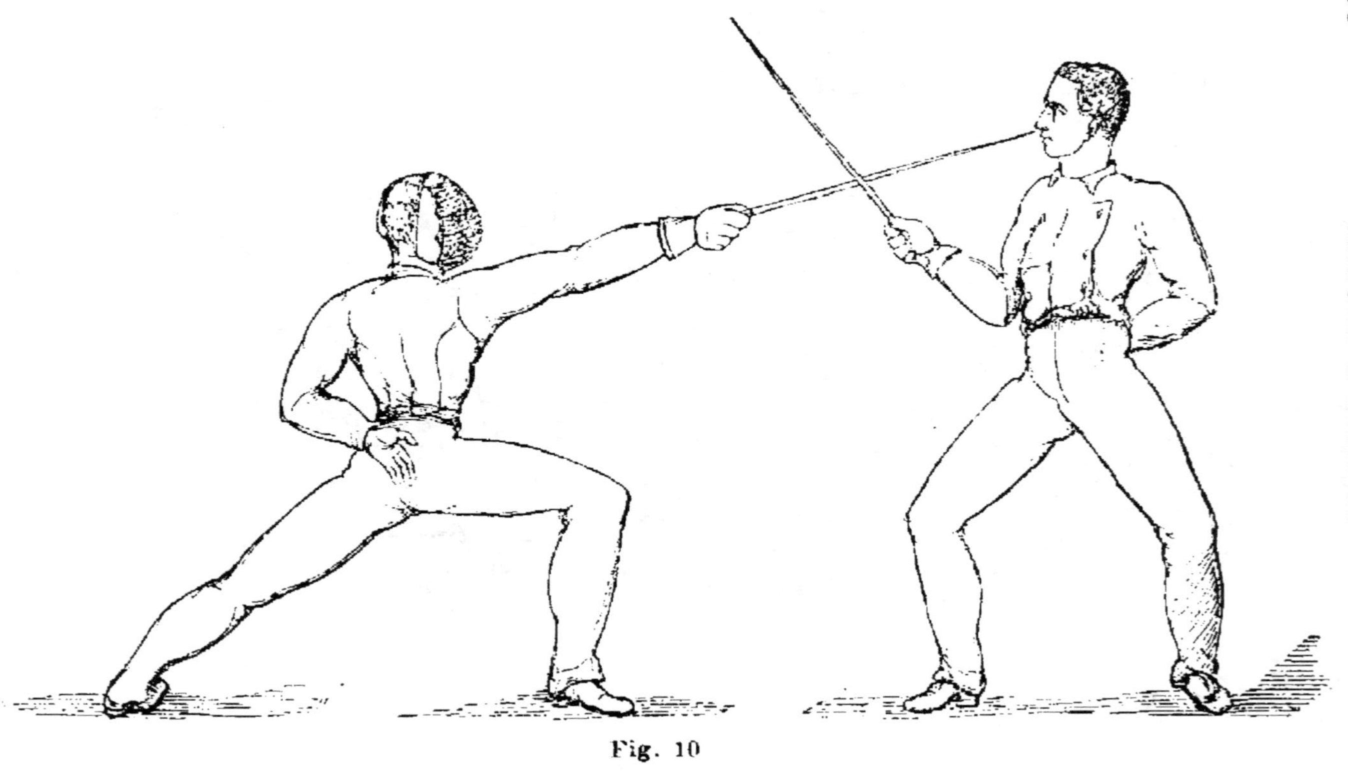

Fig. 10

Fig. 11

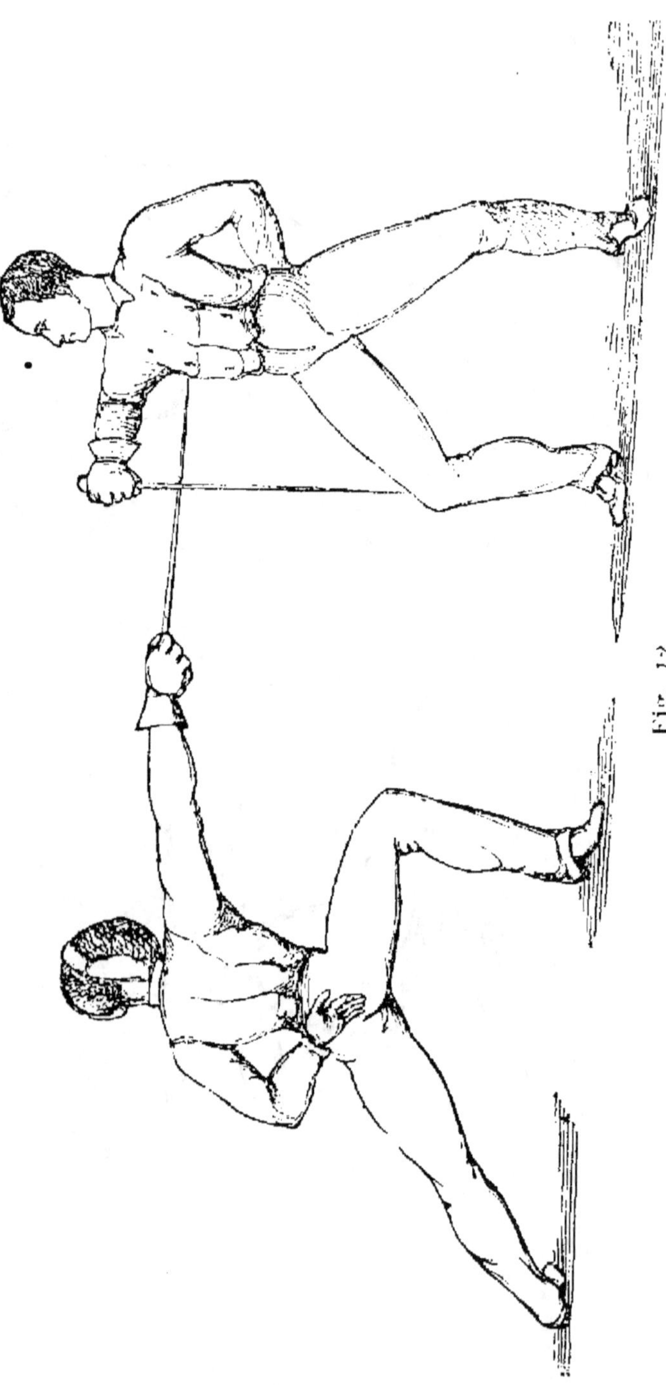

Fig. 12

Coup de ventre.

Déployer le bras en arrêtant le sabre à hauteur du ventre, le tranchant en dessus, la main le pouce légèrement à droite (fig. 13).

Coup de manchette.

Porter le coup de sabre, le tranchant en dessous, le pouce légèrement à droite, de manière à empêcher, en arrêtant l'avant-bras, l'exécution d'un coup de tête.

Coup de pointe.

Baisser la pointe du sabre à hauteur de la poitrine et déployer le bras en tournant la main, le pouce en dessous, le tranchant du sabre dessus (fig. 14).

Parade.

La parade est toujours faite par opposition de tranchant contre tranchant et laisse le sabre du côté où il se présente, tout en le chassant du corps sans l'accompagner. Elle se divise :

1° En parade de tête, comprenant la tête et la figure ;

2° En parade de corps, comprenant la banderole, le flanc, le ventre et la pointe.

Parade de tête.

Élever le bras droit en tournant la main les ongles en avant et placer le sabre horizontalement un peu en avant et à hauteur du sommet de la tête, le tranchant en dessus.

Fig. 13

Fig. 14

Parade de figure à droite (ou à gauche).

Porter le poignet à droite (ou à gauche), vis-à-vis et à 0^m,10 du teton, la lame du sabre légèrement inclinée en avant, le tranchant à droite (ou à gauche).

Parade de banderole ou de ventre.

Élever le bras droit, les coudes en dehors, en ployant la saignée, et placer l'avant-bras horizontalement devant le corps et à hauteur de l'épaule, la main les ongles en avant et vis-à-vis le milieu du corps ; la pointe du sabre basse, la lame à environ 0^m,10 du corps, le tranchant à gauche.

Parade de flanc.

Porter le poignet en dehors et à droite, en ployant légèrement la saignée, le coude et la main à hauteur de l'épaule, la pointe du sabre basse, la lame à environ 0^m,33 du corps, le tranchant à droite.

Parade de pointe.

Étant en garde, incliner légèrement la pointe, le poignet vis-à-vis le milieu du corps.

Riposte.

La riposte peut être faite par les mêmes coups que l'attaque.

Elle doit être dirigée sur le côté du corps découvert, tout en garantissant le plus possible le côté attaqué ; elle sera exécutée de la manière suivante :

Attaque. — Riposte.

Attaque. A la tête.
Riposte. Au ventre ou au flanc.

Attaque. A la figure à droite.
Riposte. A la figure à gauche ou au flanc.

Attaque. A la figure à gauche.
Riposte. A la figure à droite ou au ventre.

Attaque. A la banderole ou au ventre.
Riposte. A la tête ou à la banderole.

Attaque. Au flanc.
Riposte. A la tête ou à la figure à droite, ou au ventre.

Attaque. De la pointe.
Riposte. A la tête ou à la figure à droite.

Ces mêmes coups peuvent être portés en contre-riposte.

La riposte s'exécute aussi en tournant, après la parade, le poignet sur place, sans quitter le sabre opposé, pour mettre de nouveau le tranchant en avant et doubler le coup de sabre de la manière suivante :

Attaque. — Riposte.

Attaque. A la figure à gauche.
Riposte. A la figure à droite et à la banderole.

Attaque. A la figure à droite.
Riposte. A la figure à gauche et au flanc.

Attaque. Au flanc.
Riposte. Au ventre ou à la figure à droite.

Attaque. A la banderole.

Riposte. Au flanc et à la figure à gauche.

Ces mêmes coups peuvent être portés en contre-riposte.

Art. III. — Progression de l'enseignement.

L'enseignement se donne en quatre leçons, de trois reprises chacune :

1re Leçon.

1re reprise. — Mouvement préparatoire et mise en garde.

2e reprise. — Moulinets de pied ferme.

3e reprise. — Moulinets en se fendant.

2e Leçon.

1re reprise. — Attaques par des coups simples.

2e reprise. — Parades après une attaque simple.

3e reprise. — Réunion de l'attaque et de la parade simple.

3e Leçon.

1re reprise. — Attaques par des coups composés.

2e reprise. — Parades après une attaque simple, et ripostes simples.

3e reprise. — Parades après une attaque simple, et ripostes composées.

4e Leçon.

1re reprise. — Attaques diverses.

2e reprise. — Parades après une attaque composée et ripostes simples.

3e reprise. — Parades après une attaque composée et ripostes composées.

Art. IV. — Règles générales à observer.

Les règles générales à observer sont les mêmes que

pour l'escrime à l'épée. Se reporter à l'article IV de la
1re partie.

Art. V. -- Détail des leçons.

1re LEÇON
1re Reprise.

Mouvements préparatoires.

1. { 1. Mise en garde en quatre temps.
   { 2. En garde.
2. Rassemblez en avant (ou en arrière).
3. Marchez (ou rompez).
NOTA. — Exécuter les appels et le salut.

2e Reprise.

Moulinets de pied ferme.

1. { 1. Pour les moulinets à droite (ou à gauche).
   { En position.
   { 2. Commencez.
   { 3. Cessez.
2. Moulinets à gauche (ou à droite).
3. Moulinets à gauche ou à droite (ou à droite et à
gauche).

3e Reprise.

Moulinets en se fendant.

1. { 1. Par un moulinet à droite (ou à gauche).
   { Fendez-vous.
2. En garde.
2. { Par un moulinet à droite (ou à gauche).
   { Échappez.

2e LEÇON
1re Reprise.

Attaques par les coups simples.

1. { 1. Pour le coup de tête : Fendez-vous.
   { 2. En garde.

2. Pour le coup de figure à gauche.
3. Pour le coup de figure à droite.
4. Pour le coup de flanc.
5. Pour le coup de ventre.
6. Pour le coup de banderole.
7. Pour le coup de pointe.
8. } Pour le coup de manchette.
   } Échappez.

2ᵉ Reprise.

Parades des coups simples.

1. } 1. Le coup de tête : Parez.
   } 2. En garde.
2. Le coup de figure à gauche.
3. Le coup de figure à droite.
4. Le coup de flanc.
5. Le coup de ventre.
6. Le coup de banderole.
7. Le coup de pointe.

3ᵉ Reprise.

Réunion de l'attaque et de la parade simple.

NOTA. — La parade doit être faite en se relevant.

1. } 1. Par le coup de banderole : Fendez-vous.
   } 2. Pour la tête : Parez.
1. } 3. Par le coup de pointe : Fendez-vous.
   } 4. En garde.
     1. Par le coup de flanc : Fendez-vous.
     2. Pour la tête : Parez.
2. { 3. Par le coup de ventre : Fendez-vous.
     4. Pour la tête : Parez.
     5. Par le coup de pointe : Fendez-vous.
     6. En garde.
     1. Par le coup de tête : Fendez-vous.
3. { 2. Pour le ventre : Parez.
     3. Par le coup de banderole : Fendez-vous.

3. {
    4. Pour la tête : Parez.
    5. Par le coup de pointe : Fendez-vous.
    6. En garde.

4. {
    1. Par le coup de figure à gauche : Fendez-vous.
    2. Pour le coup de figure à droite : Parez.
    3. Par le coup de ventre : Fendez-vous.
    4. Pour la banderole : Parez.
    5. Par le coup de banderole : Fendez-vous.
    6. Pour la tête : Parez.
    7. Par le coup de pointe : Fendez-vous.
    8. En garde.

5. {
    1. Par le coup de figure à droite : Fendez-vous.
    2. Pour le flanc : Parez.
    3. Par le coup de tête : Fendez-vous.
    4. Pour le ventre : Parez.
    5. Par le coup de banderole : Fendez-vous.
    6. Pour la tête : Parez.
    7. Par le coup de pointe : Fendez-vous.
    8. En garde.

6. {
    1. Sur le coup de tête, par le coup de manchette : Échappez.
    2. Par le coup de ventre : Fendez-vous.
    3. Pour la banderole : Parez.
    4. Par le coup de banderole : Fendez-vous.
    5. Pour le coup de tête : Parez.
    6. Par le coup de flanc : Fendez-vous.
    7. Pour la tête : Parez.
    8. Par le coup de pointe : Fendez-vous.
    9. En garde.

3ᵉ LEÇON

1ʳᵉ Reprise.

Attaques par des coups composés.

1. {
    1. Coup de pointe.
    2. Fendez-vous.
    3. En garde.

Nota. — Répéter plusieurs fois de suite le même exercice, en se laissant toucher chaque fois. Pour terminer, parer et faire tirer le coup de pointe, cette règle est commune à tous les exercices.

2. { 1. Feinte du coup de pointe.
   { 2. Coup de tête.

3. { 1. Feinte de la pointe.
   { 2. Coup de figure à droite.

4. { 1. Feinte de la pointe.
   { 2. Coup de figure à gauche.

5. { 1. Feintes de la pointe et de la figure à gauche.
   { 2. Coup de ventre.

6. { 1. Feintes de la pointe et de la figure à gauche.
   { 2. Coup de figure à droite.

7. { 1. Feintes de la pointe et de la figure à droite.
   { 2. Coup de figure à gauche.

8. { 1. Feintes de la pointe et de la figure à gauche.
   { 2. Coup de flanc.

9. { 1. Feintes de la pointe et de la figure à droite.
   { 2. Coup de flanc.

10. { 1. Feintes de la pointe et de la tête.
    { 2. Coup de flanc.

11. { 1. Feintes de la pointe et de la tête.
    { 2. Coup de banderole.

2ᵉ Reprise.

*Parades simples après un coup simple
et ripostes composées.*

1. { 1. Parez le coup de pointe.
   { 2. Par le coup de figure à droite : Ripostez.
   { 3. En garde.

2. { 1. Parez le coup de tête.
   { 2. Par le coup de ventre : Ripostez.

3. { 1. Parez le coup de figure à droite.
{ 2. Par le coup de figure à gauche : Ripostez.

4. { 1. Parez le coup de figure à gauche.
{ 2. Par le coup de figure à droite : Ripostez.

5. { 1. Parez le coup de ventre.
{ 2. Par le coup de tête : Ripostez.

6. { 1. Parez le coup de flanc.
{ 2. Par le coup de figure à droite : Ripostez.

1. Parez le coup de banderole.
2. Par le coup de tête (ou de banderole) : Ripostez.

3ᵉ Reprise.

*Parades simples après un coup simple
et ripostes composées.*

1. { 1. Parez le coup de figure à gauche.
{ 2. Par les coups de figure à droite et de ventre :
{   Ripostez.

2. { 1. Parez le coup de flanc.
{ 2. Par les coups de ventre et de figure à droite :
{   Ripostez.

3. { 1. Parez le coup de figure à droite.
{ 2. Par les coups de figure à droite et de flanc :
{   Ripostez.

4. { 1. Parez le coup de ventre.
{ 2. Par les coups de flanc et de figure à gauche :
{   Ripostez.

4ᵉ LEÇON

1ʳᵉ Reprise.

Attaques diverses.

1. { 1. Feinte du coup de pointe en dessus.
{ 2. Coup de ventre.

2. { 1. Feinte du coup de figure à droite (par-dessus la
{   pointe).
{ 2. Coup de ventre.

3.
1. Au changement d'engagement : Battez (en tournant la main).
2. Coup de figure à droite (en replaçant la main).

4.
1. Sur un coup de tête : Coup de manchette par un moulinet.
2. Coup de manchette par un moulinet.

5.
1. Parez le coup de pointe.
2. Sur mon coup de tête, coup de pointe.

2e Reprise.

Parades et ripostes simples après des coups composés.

1.
1. Parez les coups de tête et de pointe.
2. Par le coup de figure à droite : Ripostez.

2.
1. Parez les coups de pointe et de tête.
2. Par le coup de ventre : Ripostez.

3.
1. Parez les coups de pointe et de figure à droite.
2. Par le coup de figure à gauche : Ripostez.

4.
1. Parez les coups de pointe et de figure à gauche.
2. Par le coup de figure à droite : Ripostez.

5.
1. Parez les coups de pointe en dessus et de ventre.
2. Par le coup de tête : Ripostez.

6.
1. Parez les coups de pointe, de figure et de flanc à gauche ou à droite.
2. Par le coup de figure à droite : Ripostez.

7.
1. Parez les coups de pointe, de tête et de banderole.
2. Par le coup de tête (ou de banderole) : Ripostez.

3e Reprise.

Parades et ripostes composées après des coups simples.

1.
1. Parez les coups de pointe et de figure à droite.
2. Par les coups de figure à gauche et de flanc : Ripostez.

2. { 1. Parez les coups de pointe et de figure à gauche.
2. Par les coups de figure à droite et de ventre : Ripostez.

3. { 1. Parez les coups de pointe de figure à gauche (ou droite) et de flanc.
2. Par les coups de ventre et de flanc : Ripostez.

4. { 1. Parez les coups de pointe, de tête et de banderole.
2. Par les coups de flanc et de figure à gauche : Ripostez.

ART. VI. — Salut et assaut.

Salut.

Le salut précédant l'assaut s'exécute de la façon suivante :

1. Exécuter un coup de figure à droite en se fendant.

2. Revenir à la position du 1er mouvement de la garde.

3. Se mettre en garde.

4. Rassembler en avant, en croisant les sabres.

5. Exécuter deux changements de garde.

6. Échapper en arrière.

7. Deux appels.

8. Saluez à droite et à gauche, et rassembler en avant.

9. Se mettre en garde.

10. Inviter à l'attaque par ces mots : A VOUS L'HONNEUR ! et se laisser toucher, ou répondre : PAR OBÉISSANCE. Se fendre en portant un coup de flanc (ou de pointe), et se relever en garde.

11. Saluer à droite, en rassemblant en arrière.

12. Saluer devant soi.

Assaut.

En application, s'attacher à donner les coups de sabre, par des mouvements rapprochés du corps, de manière à déranger le moins possible le poignet de la ligne, et à porter le coup avec légèreté.

Après avoir touché, retirer vivement le sabre en arrière, en lui imprimant une direction oblique, dans le sens du tranchant, de manière à *scier*.

Régles à observer pendant l'assaut.

Se reporter à l'article VI de la 1re partie.

Tenue et discipline des salles d'armes.
Devoirs des maîtres et des prévôts.

Les maîtres et les prévôts doivent avoir à cœur de tenir constamment la salle d'armes dans le meilleur état de propreté, et de chercher à la décorer à l'aide de panoplies ou de faisceaux de fleurets, de masques et de gants, surmontés de panneaux ou écussons en carton ou en bois, rappelant les batailles et les combats auxquels le régiment, le bataillon ou l'escadron a pris une part glorieuse ; ou en mettant en évidence de nobles devises, telles que : HONNEUR ET PATRIE. VAILLANCE ET DISCIPLINE. COURAGE ET DÉVOUEMENT. GLOIRE A DIEU. RESPECT AUX MAITRES. HONNEUR AUX ARMES. VIVE LA FRANCE, etc.

Ils doivent s'attacher à faire toujours observer

dans la salle l'ordre, la courtoisie, la décence et les marques de respect prescrites par le service intérieur; empêcher d'y fumer et exiger qu'on n'y entre que découvert.

Ils ont soin de prévenir les querelles ou de les apaiser, et de n'intervenir jamais que dans un but de conciliation, au nom de la confraternité militaire.

Ils ne tolèrent jamais qu'on fasse assaut hors de leur présence et sans leur autorisation, qu'ils ne doivent accorder qu'avec prudence et discernement, et seulement dans l'intérêt de l'instruction.

Ils doivent suivre avec attention toutes les péripéties des assauts qu'ils ont autorisés, de façon à pouvoir, après la belle et le salut final, faire remarquer les fautes commises, indiquer comment on aurait pu les éviter, et signaler à chacun des adversaires les défectuosités caractéristiques de son jeu et les moyens d'y remédier.

Ils doivent, en toute circonstance, donner l'exemple d'un langage calme et mesuré, d'une tenue correcte et brillante, d'une conduite loyale et irréprochable, et d'un maintien digne et fier, imposant le respect de l'uniforme et inspirant l'estime et la considération pour leur propre personne.

TABLE DES MATIÈRES

Pages.

BASES DE L'INSTRUCTION 3
Règles générales 5

1re PARTIE. — ESCRIME A L'ÉPÉE.

Art. 1er. Exposé de la méthode d'enseigne-
ment. — Esprit dans lequel elle doit être
pratiquée. 8
Art. 2. Définition des termes usités en escrime
et description des positions qu'ils expriment
et des mouvements qui s'y rattachent . . 10
Art. 3. Progression de l'enseignement . . . 43
Art. 4. Règles générales à observer 45
Art. 5. Détail des leçons 46
Art. 6. Mur et assaut. 71

2e PARTIE. — ESCRIME AU SABRE OU CONTRE-POINTE.

Art. 1er. Exposé de la méthode d'enseignement.
— Esprit dans lequel elle doit être pratiquée. 80
Art. 2. Description du sabre et des positions
et mouvements qui se rattachent à sa mise
en jeu pour l'attaque et la défense. . . . 80
Art. 3. Progression de l'enseignement . . . 98
Art. 4. Règles générales à observer 98
Art. 5. Détail des leçons 99
Art. 6. Salut et assaut 105
Tenue et discipline des salles d'armes . . . 106

Nancy, impr. Berger-Levrault et Cie

LIBRAIRIE MILITAIRE BERGER-LEVRAULT ET Cⁱᵉ

PARIS, 5, rue des Beaux-Arts. — 18, rue des Glacis, NANCY

Jiu-Jitsu. *Méthode d'entraînement et de combat qui a fait des Japonais les adversaires les plus redoutables du monde*, par H. IRVING HANCOCK. Traduit par le chef d'escadron d'artillerie L. FERRUS, ancien élève de l'École des langues orientales, et le capitaine d'artillerie J. PESSEAUD. Un volume in-8, avec 19 planches photographiques d'après nature. . . . . *(Sous presse.)*

La Force physique. *Culture rationnelle. Méthode Attila. Méthode Sandow. Méthode Desbonnet.* La santé par les exercices musculaires mis à la portée de tous, par DESBONNET, professeur, fondateur des écoles de culture physique de Lille, Roubaix, Paris. 4ᵉ édition. 1904. Un volume in-8, avec 89 figures, broché . . . . **5 fr.**
Élégamment relié en percaline gaufrée or. . . . . **6 fr.**

Le Mouvement et les Exercices physiques. *Leçons pratiques sur les systèmes osseux et musculaires*, par le docteur L. E. DUPUY, médecin de l'hôpital de Saint-Denis. Introduction par le docteur DASTRE, professeur de physiologie à la Faculté des sciences de Paris. 1893. Volume in-8 de 358 pages, avec 139 figures, broché. . . . **5 fr.**

Gymnastique utile, par le capitaine V. AUBRY. 1902. Br. in-8. **75 c.**

Manuel d'Exercices gymnastiques et de jeux scolaires. Publication du Ministère de l'Instruction publique et des beaux-arts. 1891. Joli volume in-8, avec nombreuses vignettes, cartonné. **2 fr. 50**

Force et Agilité. *Le soldat et les grands capitaines*, par H. MATHIEU. 1895. Un volume in-12, broché. . . . . **3 fr.**

Les Vertus guerrières. Livre du soldat, par le général Ch. THOUMAS. 5ᵉ édition. 1891. Un volume in-12 . . . . **3 fr.**

L'Art de commander. *Principes de commandement*, à l'usage des officiers de tout grade, par le capitaine André GAVET. (Ouvrage couronné par l'Académie française.) 2ᵉ édition. 1905. Un volume in-12, broché . . . . **2 fr. 50**

Dictionnaire militaire. *Encyclopédie des sciences militaires* rédigée par un comité d'officiers de toutes armes. Paraissant par livraisons de 8 feuilles (128 pages) grand in-8. — Prix de la livraison. . . . **3 fr.**

L'ouvrage comprendra environ 24 livraisons, formant deux volumes de 96 feuilles chacun. Les livraisons paraîtront de deux mois en deux mois. Les 21 premières livraisons (A à S) sont en vente.

Le 1ᵉʳ volume finit dans la 13ᵉ livraison.

— Tome Iᵉʳ : **Lettres A-H.** 1899. Un fort volume grand in-8 de 1588 pages, broché . . . . **37 fr. 50**
Relié en demi-maroquin, plats toile . . . . **42 fr. 50**

Tous les règlements et théories sont en vente à la librairie militaire Berger-Levrault et Cⁱᵉ.

9 782329 736402